# C.L.R.

**J. CORUBLE-LECLEC'H**    Institutrice
**J.-C. LUCAS**    Instituteur
**J. ROSA**    Instituteur

# Grammaire et expression 555 exercices

# niveau CM

**HACHETTE**
*Éducation*

*Conception maquette intérieure et suivi éditorial :* Évelyne Papin
*Saisie et mise en page :* Lambda Barre
*Illustrations :* Jean-Louis Goussé
*Dessins techniques :* Créapass

© HACHETTE LIVRE 1996, 43, quai de Grenelle, 75905 Paris Cedex 15
ISBN 2.01.11.5963.6

# Préface

En fin de scolarité primaire, le futur collégien doit avoir acquis un certain nombre de connaissances. Cela est particulièrement vrai en grammaire, car comprendre le fonctionnement de la langue est indispensable à la maîtrise de l'expression. Or, l'enjeu est d'importance quand on sait qu'il ne peut y avoir de situation de communication sans un mode d'expression obéissant à des références communes.

Cet ouvrage se propose donc de structurer les acquisitions en insistant sur les liaisons entre grammaire et expression.

Comme tous les ouvrages de la collection, il se veut pratique, compatible avec chaque méthode et est conçu pour permettre aussi bien les acquisitions fondamentales que les activités de soutien ou d'approfondissement.

Nous espérons que chaque enseignant trouvera en ce livre un outil simple et efficace.

Les auteurs

# Comment utiliser ce recueil ?

Les exercices sont répartis en cinq grands chapitres :

    **I L'organisation de la phrase**
    **II Identifier les constituants de la phrase**
   **III Identifier les fonctions de la phrase**
    **IV Accorder**
    **V Exprimer**

Si l'ordre des chapitres correspond à une progression logique, il ne saurait être question d'envisager un apprentissage linéaire en étudiant totalement un chapitre avant de passer au suivant. Il nous semble au contraire judicieux de travailler dans la complémentarité, au fur et à mesure des notions abordées.

Cet ouvrage propose un large choix d'exercices, tous strictement conformes aux nouveaux programmes. Toutefois, afin d'aider chaque enseignant à mettre en œuvre une pédagogie différenciée, nous avons quelquefois complété les chapitres par une séquence « Pour aller plus loin… » qui permettra d'étendre le champ des apprentissages. Il est clair que les compétences demandées dans les exercices concernés dépassent celles requises en fin de cycle des approfondissements.

Les chapitres comportent également, pour la plupart, une partie « Je travaille seul(e) » composée d'un ou deux exercices corrigés en fin d'ouvrage. Ceux-ci, tout en encourageant à une autoévaluation, favoriseront le travail autonome.

Au sein de chaque chapitre, les exercices sont classés par ordre de difficulté croissante. De nombreuses synthèses permettent de vérifier le degré d'acquisition des différentes notions abordées.

Le livre du maître associé à cet ouvrage propose à la fois les corrigés et une synthèse générale dans laquelle chaque enseignant trouvera de nombreux exercices qui pourront être utilisés pour les évaluations.

# Table des matières

▲ Chapitres complétés par une séquence « Pour aller plus loin ».

# 1 – L'organisation de la phrase

**1**      L'alphabet ci-dessous est incomplet. Quelles sont les lettres manquantes ?

a, b, c, d, e, f, h, i, j, k, l, m, o, p, q, r, s, t, u, v, x, y, z.

**2**      Certains assemblages de lettres ci-dessous correspondent à des mots de la langue française, mais d'autres n'ont aucun sens. Lesquels ?

parfum – souvenir – raxotime – véripassette – corail – dépenser – donc – zu – bleu – pourtant – mer – fragile – un – lépart – attendre – silence – écœurer

**3**      Une phrase est un ensemble organisé de mots. Parmi les énoncés suivants, indique ceux qui ne veulent rien dire.

    **a.** Le champion a annoncé que, l'année prochaine, il mettrait fin à sa carrière.
    **b.** Sur l'immensité du plateau, on n'apercevait pas le moindre signe de vie.
    **c.** Le caporal à la mine au silence a dévissé le vent des bois.
    **d.** Le drap de bain est décoré de motifs qui rappellent l'art indien.
    **e.** L'avion supersonique avait posé dans le grenier ses billes sur le pré.

**4**      Les mots de certaines des phrases suivantes sont mélangés. Écris ces phrases afin qu'elles aient un sens.

    **a.** changer Maman laver machine sa veut à.
    **b.** À cause de toi, j'ai été puni.
    **c.** me Hélène sont voir passés ne Jean et pas.
    **d.** le garagiste a été réparée par la voiture.
    **e.** Papa qui était délicieux m'a donné un gâteau.

**5**      Écris chaque phrase en remplaçant le mot en gras par le mot correct, choisi dans le cadre de droite.

    **a.** Il a triché **ou** il a été puni.        **a.** pour - donc - sans
    **b.** C'est un résultat **que** je suis heureux.    **b.** dont - qui - où
    **c.** Il ne vient ici **sans** le samedi.       **c.** sauf - pas - que
    **d.** Tu me donnes la carte **et** me manquait.   **d.** car - que - qui
    **e.** Albi est la ville **dont** je suis né.      **e.** que - où - mais

**6**      Écris chaque phrase en changeant un mot pour qu'elle devienne correcte.

    **a.** Demain, tu passais me voir.
    **b.** Nous devrons te trouver un remplaçant où tu es blessé.
    **c.** La meilleure solution serait à lui en parler.
    **d.** Dans quelques jours, nous étions en vacances.

# 11 – Identifier les constituants de la phrase

# la phrase ■

Une phrase veut dire quelque chose; elle indique:

| *1. Qui, de qui ou de quoi on parle.* | *2. Ce que l'on en dit.* |
|---|---|
| Damien | fait du vélo. |
| Ce gâteau | était délicieux. |
| Je regarde | mes photos de vacances. |

Une phrase est généralement constituée autour du verbe, mais il existe des phrases sans verbe: **les phrases nominales.**

Ex. Graves inondations dans l'Est de la France.

**7**   Écris correctement les phrases suivantes. Il suffit pour cela d'ajouter ou de retirer un mot.

**a.** Le cardinal entra le deux premier dans la cathédrale.
**b.** Le docteur Étienne notait ses sur un agenda de cuir noir.
**c.** La mer de Baffin est située le Canada et le Groenland.
**d.** Myriam le gâteau en six parts égales.
**e.** Du sommet du mont Ventoux peut découvrir un immense panorama.
**f.** Je te dis que le Texas est un État que des États-Unis.
**g.** La première partie de la conférence était consacré à la vie des.

**8**   Les mots de chaque phrase sont mélangés. Écris ces phrases afin qu'elles aient un sens. N'oublie pas les majuscules!

**a.** offre / précieuse / vos / ce / une / recherches / pour / guide / aide /.
**b.** l'/ très / australienne / gagné / équipe / facilement / le / a / tournoi /.
**c.** Julien / cours / deux / prend / piano / des / fois / de / semaine / par /.
**d.** météo / de / sont / optimistes / les / la / pas / très / ne / prévisions /.
**e.** pars / mes / vacances / avec / parents / en / bord / au / mer / la / de / je /.

**9** Certains des énoncés sont incomplets ou ne veulent rien dire. Lesquels ?

**a.** Lorsque la citerne sera remplie, il faudra la.

**b.** Il fallait une bonne dose de courage pour s'attaquer à ce problème.

**c.** Le présentateur du journal a comparé ce résultat.

**d.** Demain, nouvelle baisse des températures sur le Nord de la France.

**e.** Pourquoi m'as-tu donné un ?

**f.** Le coq a lacé les fraisiers.

**g.** Le sortir est groupé dans bas cage.

**h.** La majesté du décor imposait le silence.

**i.** La semaine dernière, Nolwenn m'a offert.

**j.** Curieux personnage, c'est certain.

**10** Classe les phrases ci-dessous en deux catégories : phrases verbales et phrases nominales.

**a.** Nouvelle défaite de l'équipe de France de basket.

**b.** La carte d'identité suffit pour te rendre en Angleterre.

**c.** Le petit lac semblait posé juste en dessous de l'imposante falaise.

**d.** Formidable réussite de l'expédition internationale en Antarctique.

**e.** Ce soir, à vingt heures trente : dernière manche du tournoi d'échecs.

**11** Même exercice.

**a.** Sentier interdit à tout véhicule motorisé.

**b.** En forêt, il est interdit de faire du feu.

**c.** Pierre réussit un superbe saut !

**d.** Extraordinaire réussite dès son premier essai.

**e.** Malgré mes efforts, impossible de traduire ta pensée par écrit.

**f.** Afin de ne pas oublier leur adresse, on l'écrit.

# la ponctuation ▪

> On ne peut comprendre une phrase ou un texte que si les signes de ponctuation ont été correctement placés.
> Les signes de ponctuation sont :
>
> | | | | |
> |---|---|---|---|
> | **.** | Le point | **:** | Le deux-points |
> | **?** | Le point d'interrogation | **...** | Les points de suspension |
> | **!** | Le point d'exclamation | **()** | Les parenthèses |
> | **,** | La virgule | **« »** | Les guillemets |
> | **;** | Le point-virgule | **—** | Le tiret |

Dans les phrases et les textes ci-dessous, les signes de ponctuation ont été oubliés. Recopie chaque phrase ou chaque texte en plaçant correctement la ponctuation. N'oublie pas les majuscules.

**12**  **a.** ▮ *Il manque un point et une virgule.*
avant la fin du mois Vanessa aura déménagé

**b.** ▮ *Il manque un point et deux virgules.*
la pluie la grêle la neige et le gel avaient détruit les récoltes

**c.** ▮ *Il manque un point d'interrogation et une virgule.*
qui pourrait me prêter un stylo s'il vous plaît

**d.** ▮ *Il manque un deux-points, des points de suspension et trois virgules.*
j'aimerais partir vers les îles des Caraïbes Cuba Porto Rico la Guadeloupe Haïti

**e.** ▮ *Il manque un point et deux virgules.*
la voiture embourbée était bloquée en bordure du champ

**f.** ▮ *Il manque un point, un point-virgule et deux virgules.*
Jean est trop gourmand pour se priver son estomac sûrement démesuré commande à sa tête

**g.** ▮ *Il manque un point et trois virgules.*
dans le Sud de la France les Corbières vieille région viticole proposent d'agréables chemins de randonnée

**h.** ▮ *Il manque un point d'interrogation et deux virgules.*
lequel d'entre vous aurait par chance une boussole

**i.** ▮ *Il manque des points de suspension et deux virgules.*
sachez que cette mission si vous l'acceptez ne sera pas sans danger

**j.** ▮ *Il manque un point d'exclamation, un deux-points, des guillemets et deux virgules.*
mon père me disait toujours rappelle-toi ma fille qu'après la pluie vient le beau temps

**13** ▌*Il manque deux points et trois virgules.*

L'île Marie-Galante ○ située à 14 miles nautiques au sud de la Guadeloupe ○ vit encore au rythme séculaire de la canne à sucre et de la pêche ○ un bout de France où le temps semble suspendu ○ mais où le sourire et la gentillesse sont de rigueur ○

A. Kubacsi, *La Marche*, décembre 1995.

**14** ▌*Il manque un point, deux points d'exclamation et deux virgules.*

Incroyable histoire que celle de ce navire ○ la retracer en quelques lignes est impossible ○ rappelons simplement que ○ d'abord conçu pour la pêche côtière ○ il fut le héros du plus fantastique des tours du monde ○

**15** ▌*Il manque quatre points, un point-virgule, deux virgules, un deux-points et des guillemets.*

Le capitaine hésite encore ○ il est seul dans sa cabine ○ il y a moins d'une minute ○ un de ses officiers lui a dit ○ ○ dépêchez-vous ○ capitaine ○ il est temps ○ nous n'y pouvons plus rien et un hélicoptère est en route ○ ○

**16** ▌*Il manque un point, un deux-points, un point-virgule et trois virgules.*

Le 4 août 1789 eut lieu la procession solennelle des États dans les rues de Versailles ○ chaque ordre portant son uniforme ○ très simple pour le tiers ○ rutilant pour la noblesse ○ dans le clergé ○ l'opposition était frappante entre le luxe des prélats et la pauvreté souvent misérable des curés ○

D'après P. Hallynck, *Les Débuts de l'époque contemporaine*, Masson, 1947.

**17** ▌*Il manque trois points, un point d'exclamation, un point d'interrogation, deux tirets, six virgules, un point-virgule et un deux-points.*

Hector et Estelle s'engagèrent au milieu des roches ○ le jeune homme ○ chaussé de hautes bottines ○ marchait le premier ○ sautait de pierre en pierre avec la grâce forte et l'adresse d'un chasseur de montagnes ○ Estelle très hardie ○ choisissait les mêmes pierres ○ et lorsqu'il se retournait ○ pour lui demander ○

○ voulez-vous que je vous donne la main ○

○ mais non ○ répondait-elle ○ vous me croyez donc une grand-mère ○

Émile Zola, *La Mort d'O. Bécaille*.

**18**  █*Il manque un point, deux points d'interrogation, deux points d'exclamation, un deux-points, des points de suspension, trois virgules, quatre tirets et des guillemets.*

Eva se retourna vers Diaz ○
○ savez-vous ce que transporte cet avion ○
○ le courrier à destination de la France ○ je pense ○
○ il transporte aussi bien plus que cela ○
○ et quoi donc ○ s'il vous plaît ○
○ de l'or ○ Diaz ○ de l'or ○ ○

**J E   T R A V A I L L E   S E U L ( E )**

**L'exercice suivant est corrigé à la page 189.**

**Dans le texte ci-dessous, les signes de ponctuation ont été oubliés. Recopie ce texte en plaçant correctement la ponctuation. N'oublie pas les majuscules.**

**19**  █*Il manque quatre points et cinq virgules.*

La mer étincelait au pied de la falaise ○ celle-ci était abrupte ○ elle descendait presque à pic jusqu'à une petite plage de galets ○ près de trente mètres plus bas ○ où l'on avait construit un port minuscule ○ le seul accès en était un escalier métallique ○ presque une échelle ○ raide ○ rouillé et glissant ○

**P O U R   A L L E R   P L U S   L O I N**

**Dans les textes ci-dessous, la ponctuation a été oubliée. À toi de la replacer au bon endroit, sans oublier les majuscules.**

**20**  █*Il manque trois points et une virgule.*

Le jour se levait un murmure parcourut la forêt c'était un long frémissement comme le dernier soupir de la nuit qui mourait

**21**  █*Il manque un point, un point d'exclamation et cinq virgules.*

Grains de céréales petits morceaux de fruits pépites de chocolat miel et sucre composent nos délicieuses barres céréalières après le sport au goûter ou pour les petits creux de la journée croquez-les quand vous voulez

# types et formes de phrases ■

On classe les phrases en quatre types.

– Les phrases **déclaratives** : on énonce, on déclare.
Ex.        Tu ranges ta chambre.

– Les phrases **interrogatives** : on pose une question.
Ex.        Ranges-tu ta chambre ?

– Les phrases **impératives** : on donne un ordre.
Ex.        Range ta chambre.

– Les phrases **exclamatives** : on s'exclame.
Ex.        Comme ta chambre est bien rangée !

Chaque type de phrase peut être de forme affirmative ou négative.
Ex.        Pourquoi n'est-elle pas venue ?
           (phrase interrogative ; forme négative)

**22**   Indique à quel type appartient chacune des phrases ci-dessous.

   **a.** Quelle est la destination de ce train ?
   **b.** La partie de boules était très disputée.
   **c.** Il a acheté ce disque dans un magasin parisien.
   **d.** Mais vous n'y pensez pas !
   **e.** Arrêtez-vous.
   **f.** À qui as-tu offert ce parfum ?
   **g.** Le mardi, je ne mange pas à la cantine.
   **h.** Quel extraordinaire paysage !
   **i.** Vous devriez goûter ce délicieux gâteau.
   **j.** N'achète pas cette crème solaire.

**23**   Même exercice.

   **a.** La meilleure solution serait d'attendre.
   **b.** Ta chambre n'est-elle pas encombrée de quantité de jouets ?
   **c.** Voilà bien une étrange affaire…
   **d.** N'écoutez pas les bons conseils de ce monsieur.
   **e.** Je n'envisage pas de renoncer à ce projet.
   **f.** Viens !
   **g.** Qui est le dernier sorti ?
   **h.** Dans une minute, vous aurez la réponse.
   **i.** Comme c'est bizarre !
   **j.** N'êtes-vous pas le neveu de monsieur Guillou ?

**24**    Indique à quelle forme appartient chaque phrase des exercices 24 et 25.

**25**    Indique le type et la forme de chacune des phrases suivantes..

     **a.** Vous ne semblez pas très patient !
     **b.** La fenêtre est-elle ouverte ?
     **c.** Les cerises sont des fruits rouges.
     **d.** La ronce n'est-elle pas un arbuste à feuilles composées ?
     **e.** Silence dans les rangs !
     **f.** Je n'avais jamais vu cela…
     **g.** Lequel est encore qualifié ?
     **h.** La voiture démarra en trombe.
     **i.** N'auriez-vous pas enfin découvert la bonne piste ?

**26**    Même exercice.

     **a.** Nous n'aurions jamais dû prendre ce raccourci.
     **b.** N'est-ce pas une espèce en voie de disparition ?
     **c.** Pardon ?
     **d.** J'imagine difficilement la fin de l'histoire.
     **e.** Quel gâchis !
     **f.** N'agrandis pas le trou !
     **g.** Je n'apprécie guère les films fantastiques.
     **h.** N'oublie pas le pain.
     **i.** Il aurait dû arriver à l'aube.

**27**    Indique pour chaque phrase son type et sa forme, puis transforme-la comme il est demandé.

| | |
|---|---|
| Ex.   C'est une voiture française. | **déclarative affirmative** |
|      N'est-ce pas une voiture française ? | **interrogative négative** |

     **a.** La fin de l'histoire était prévisible.      …………..
        …………..         **interrogative négative**

     **b.** Alain ne préfère-t-il pas les abricots ?      ……………..
        ……………..         **déclarative affirmative**

     **c.** Veux-tu venir avec moi ?      …………..
        …………..         **impérative négative**

     **d.** Jacques n'a-t-il jamais bu de cidre ?      …………..
        …………..         **déclarative négative**

     **e.** N'a-t-on jamais vu pareil spectacle ?      …………..
        …………..         **déclarative négative**

**28**   Même exercice.

    **a.** Émilie écoute la leçon.

    …………      **impérative affirmative**

    **b.** Nous prendrons vraisemblablement l'autoroute.      ………………

    ………………      **interrogative négative**

    **c.** Ne prévoit-on pas une nouvelle sécheresse
pour cet été ?      …………..

    …………..      **déclarative affirmative**

    **d.** C'est un artiste.      …………..

    …………..      **exclamative affirmative**

    **e.** Le ministre n'a pas annoncé de conférence
sur ce sujet.      …………..

    …………..      **interrogative affirmative**

**29**   Observe l'exemple ci-dessous, puis modifie les phrases en respectant les consignes données

Ex. Nous sortons maintenant.

    **interrogative affirmative**   Sortons-nous maintenant ?
    **impérative négative**   Ne sortons pas maintenant.
    **déclarative négative**   Nous ne sortons pas maintenant.

    **a.** Comme ces enfants courent vite !

    **déclarative négative**   ………………
    **interrogative négative**   ………………
    **déclarative affirmative**   ……………..

    **b.** Vous mangez trop au dîner.

    **impérative négative**   ………………
    **interrogative affirmative**   ………………
    **exclamative affirmative**   ……………..

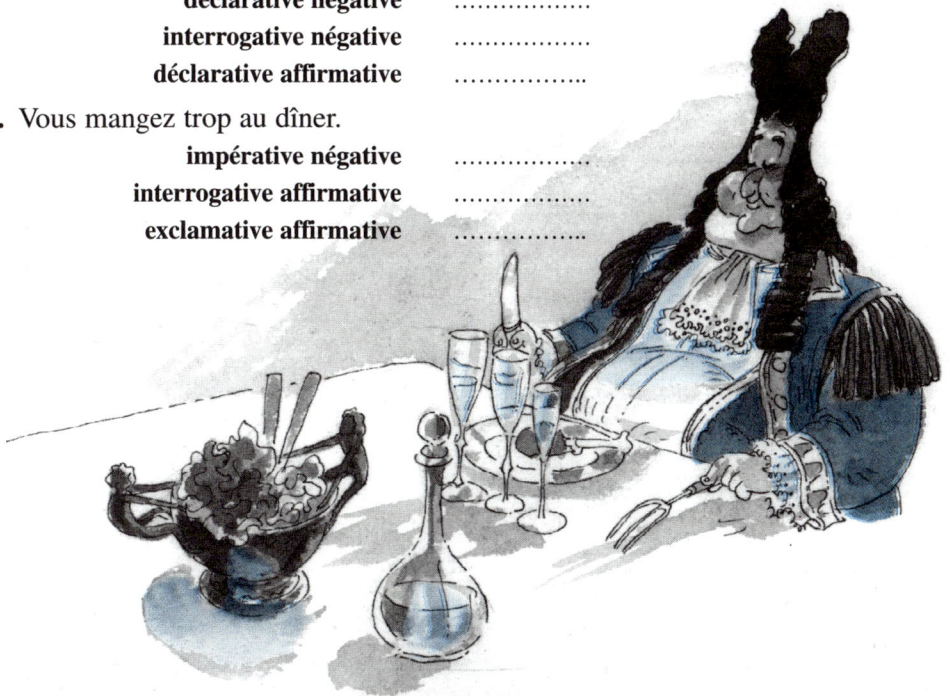

# les différents groupes dans la phrase ■

Une phrase est généralement constituée autour d'un groupe verbal (GV) et d'un groupe nominal sujet (GS).

Ex.          Ce garçon mange une pomme.          La voiture est bleue.
                  GS            GV                        GS        GV

À ces deux groupes peuvent s'ajouter des groupes facultatifs qui apportent des précisions, qui complètent la phrase.

Ex.          Chaque matin, ce garçon mange une pomme.
                  GF            GS              GV

**30**  Recopie les phrases suivantes, puis souligne en bleu le groupe sujet et en rouge le groupe verbal.

   **a.** Marie porte des lunettes.
   **b.** Un groupe d'une vingtaine de personnes attendent le bus.
   **c.** Nous écoutons de la musique.
   **d.** Claude et Nathalie rangent leurs jouets.
   **e.** Il ne lui rendra pas son livre.
   **f.** Les élèves du CM partent en classe de mer.

**31**  Même exercice.

   **a.** Qui est là ?
   **b.** Le grand champion a encore gagné une étape du Tour de France.
   **c.** Le ministre de l'Environnement donnera une conférence de presse.
   **d.** Les touristes étudient le menu du restaurant.
   **e.** Les journaux, la télévision et les hommes politiques ont longuement commenté cette affaire.

**32**  Certaines des phrases ci-dessous ne comportent pas de groupe sujet. De quelles phrases s'agit-il ?

   **a.** Nous écoutons la radio.
   **b.** Respectez les consignes de sécurité.
   **c.** Attends de voir le résultat de ton travail.
   **d.** Sur le fleuve glisse une barque légère.
   **e.** Ne me demande pas l'impossible.
   **f.** Ce soir, ils iront au cinéma.

**33** Certaines des phrases ci-dessous ne comportent pas de groupe verbal (phrases nominales). De quelles phrases s'agit-il ?

    **a.** Ce matin, violente explosion dans un immeuble du Quartier latin.

    **b.** Les négociations se poursuivaient toujours le soir.

    **c.** Y a-t-il un éléphant dans le magasin ?

    **d.** Quelle incroyable aventure !

    **e.** Reprise des combats à la frontière malienne.

**34** Recopie les phrases suivantes, puis souligne en bleu le groupe sujet, en rouge le groupe verbal et en vert les groupes facultatifs.

    **a.** Tous les jeudis soir, le papa de Damien se rend à son entraînement de football.

    **b.** Ludovic reviendra dans quelques jours.

    **c.** En raison des orages annoncés, la date des vendanges a été avancée.

    **d.** Les premiers bourgeons apparaissent sur les arbres du jardin.

    **e.** L'abus d'alcool est dangereux pour la santé.

**35** Même exercice.

    **a.** Qui ira à la piscine, mercredi prochain ?

    **b.** Nicolas a comparé sa sœur à une poupée Barbie.

    **c.** Chaque matin, dès l'aube, commence le travail des équipes d'entretien.

    **d.** Durant les mois de juillet et août, cette association propose la descente du Tarn en canoë.

    **e.** Au fond du jardin, derrière les arbres fruitiers, on apercevait le potager.

**36**    **Même exercice.**

    **a.** Grâce à leur flair, les deux animaux évitaient tous les pièges tendus par les chasseurs.

    **b.** Le vieux grizzli vivait solitaire sur son territoire de la montagne Ronde.

    **c.** Après trois heures de marche extrêmement pénible, on atteignit enfin les rives du lac gelé.

    **d.** Ses cheveux se répandaient comme une magnifique étole sur ses épaules.

    **e.** Après le Conseil des ministres, le ministre de l'Agriculture a annoncé une réforme importante des primes gouvernementales.

**37**    **Même exercice.**

    **a.** Un groupe d'une vingtaine de personnes attendent le bus.

    **b.** Les élèves de l'école organisent une exposition samedi matin.

    **c.** Ne te retourne pas sans cesse.

    **d.** Chaque dimanche matin, madame Lucie écoute une symphonie de Mozart avec un grand plaisir.

    **e.** Qui est là ?

**38**    **Même exercice, mais attention, les phrases peuvent contenir plusieurs verbes conjugués.**

    **a.** Le vent souffle et les feuilles tombent.

    **b.** L'auteur de ce livre est un célèbre écrivain américain.

    **c.** Le gardien de but plonge et réussit un superbe arrêt.

    **d.** Les trois meilleures photos seront sélectionnées pour l'exposition.

    **e.** Des statuettes, deux tableaux et quelques livres décoraient la vitrine du magasin.

**39**    **Même exercice.**

    **a.** Ce jeune chanteur-compositeur a connu un succès immédiat dès son premier album.

    **b.** Thierry lisait, Sandrine écoutait de la musique, Pauline reconstituait un puzzle, chaque enfant s'occupait.

    **c.** Pour partir en vacances, nous prendrons le train, car les routes seront trop encombrées.

    **d.** J'ai absolument besoin de ta calculatrice pour vérifier toutes les opérations de ce problème.

    **e.** Elle avait de grands yeux bleus, son nez était légèrement retroussé et ses lèvres esquissaient toujours un petit sourire.

# les différentes propositions ■

Une phrase est constituée d'une ou plusieurs propositions.
La proposition est formée d'un verbe conjugué et des groupes qui en dépendent (sujet, compléments, attribut).
Chaque proposition exprime un événement différent.

Ex.   Je joue dans le jardin.
      verbe

Martin enlève sa veste de survêtement, / puis il  entre  sur le terrain.
  S    V         C                  S   V     C

        1ᵉʳ événement: 1ʳᵉ proposition    2ᵉ événement: 2ᵉ proposition

On découvrira les sommets enneigés / lorsque la brume  se lèvera.
  S   V           C                     S      V

        1ᵉʳ événement: 1ʳᵉ proposition    2ᵉ événement: 2ᵉ proposition

---

**40**   Lis chacune des phrases ci-dessous et indique si elle est constituée d'une ou de plusieurs propositions.

    **a.** La lumière s'alluma avant qu'il n'entre dans la pièce.
    **b.** Bastien, émerveillé, regardait la mer pour la première fois.
    **c.** Le début de l'épreuve fut marqué par de nombreux abandons.
    **d.** Quand tu auras un peu de temps, tu passeras le voir.
    **e.** En fin de saison, la plupart des joueurs sont fatigués.
    **f.** Il prend la seule place qui est encore libre.
    **g.** L'entrée de l'ambassade était gardée par deux gendarmes.
    **h.** Le silence se fit et le professeur prit la parole.
    **i.** Le TGV Paris-Marseille aura quelques minutes de retard.
    **j.** Le facteur enfourcha sa bicyclette et commença sa tournée.

**41**   Recopie les phrases ci-dessous, souligne les verbes, puis sépare les différentes propositions s'il y en a plusieurs.

    **a.** Le taxi stoppe, charge son passager et repart aussitôt.
    **b.** Plusieurs bus attendaient près du portail.
    **c.** Nous t'apportons la carte qui te manquait.
    **d.** Le spectacle commença par une danse, puis les chanteurs entrèrent en scène sous les applaudissements.
    **e.** Les nuages s'amoncellent, le ciel s'assombrit et la pluie commence à tomber.

**42**     Recopie chacune des phrases ci-dessous et indique si elle est constituée d'une ou de plusieurs propositions.

   **a.** Je connais la personne qui vient d'entrer.
   **b.** Qui est, à ton avis, le mieux placé ?
   **c.** L'enquête permit de découvrir d'autres indices.
   **d.** Les îles d'Hyères abritent un parc naturel.
   **e.** La traversée du Pelvoux est une course de montagne longue et particulièrement éprouvante.
   **f.** En se retournant, il les aperçut.
   **g.** Il salua, puis il sortit.
   **h.** Le changement de programme ne concerne que la première partie de la soirée.
   **i.** Lequel de ces garçons a sonné et que voulait-il ?
   **j.** C'est incroyable et pourtant, c'est vrai !

**43**     Recopie les phrases ci-dessous, souligne les verbes, puis sépare les différentes propositions.

   **a.** Patrice est guéri et, demain, il retournera à l'école.
   **b.** La voiture ne roulait que depuis cinq minutes quand les deux enfants s'endormirent.
   **c.** Nous avalons nos tartines beurrées et notre chocolat, puis nous nous précipitons vers le stade.
   **d.** Antoine essayait de faire démarrer son cyclomoteur, mais celui-ci ne voulait rien savoir.
   **e.** Il se met à travailler avec ardeur pour étudier les dossiers qui se sont accumulés depuis qu'il est parti en vacances.

**44**     Même exercice.

   **a.** Quentin attrape son blouson, l'enfile et sort dans la cour.
   **b.** Lorsque vous aurez copié le résumé, vous commencerez l'exercice.
   **c.** Cette agence propose un voyage qui est particulièrement intéressant.
   **d.** Cédric proteste, crie, gesticule, s'en prend à tout le monde, mais il ne propose pas grand-chose !
   **e.** L'inspecteur écoute les explications de chacun, puis demande qu'on le suive dans son bureau.

> Il existe plusieurs types de propositions. On distingue :
> – la proposition indépendante qui a un sens complet par elle-même ;
> Ex.          Dominique marche en forêt et il observe les écureuils.
>                    proposition indépendante          proposition indépendante
>
> – la proposition principale, obligatoirement complétée par la proposition subordonnée.
> Ex.          Je choisirai le livre  /  qui raconte l'histoire de l'aviation.
>                    proposition principale          proposition subordonnée
>
>                    Lorsque tu rentreras  /  tu te doucheras.
>                    proposition subordonnée  proposition principale

**45** Recopie les phrases suivantes. Souligne les différentes propositions, puis indique en dessous leur nature.
Ex.   Je reviendrai  /  quand il sera parti.
        prop. princ.        prop. sub.

a. Nous devions prendre ce bus, mais il a été annulé.
b. Paul s'absente quelques jours, donc je prends sa place.
c. Le peintre nettoie ses pinceaux, les essuie, puis il les range dans une boîte en plastique.
d. Tu enverras une lettre dès que tu seras arrivé.
e. Valérie prendra la place que nous lui avons réservée.

**46** Même exercice avec les phrases de l'exercice 43.

**47** Même exercice.
a. Coupez les pommes en petits morceaux et mélangez-les avec la pâte.
b. Pendant les vacances, je te montrerai la ville où je suis né.
c. Cette victoire est vraiment celle dont je suis le plus fier.
d. Le facteur est passé tout à l'heure, tu n'étais pas là.
e. Le facteur est passé tout à l'heure quand tu n'étais pas là.

**48** Même exercice.
a. Pourquoi n'écoutez-vous pas les conseils que donne le guide ?
b. Il la tenait par la main pour qu'elle franchisse le ruisseau.
c. Je t'ai acheté ce blouson que tu avais essayé.
d. Le navire approchait du port, le capitaine demanda conseil à l'un de ses marins qui en connaissait bien les abords.

**49**  Même exercice avec les phrases de l'exercice 44.

**50**  Les modèles de phrases suivants sont composés de plusieurs propositions, mais certains de ces schémas sont impossibles. Lesquels ?

    **a.** prop. indépendante – prop. indépendante – prop. indépendante
    **b.** prop. subordonnée – prop. principale
    **c.** prop. indépendante – prop. principale – prop. subordonnée
    **d.** prop. principale – prop. indépendante
    **e.** prop. subordonnée – prop. indépendante

### JE TRAVAILLE SEUL(E)

**L'exercice suivant est corrigé à la page 189.**

**51**  Recopie les phrases ci-dessous, souligne les propositions et indique leur
nature.

    **a.** La forêt avait brûlé l'année précédente, mais la vie n'avait pas disparu,
car de nombreuses plantes s'obstinaient à reverdir.
    **b.** Les crêtes du massif de Barozes se reflétaient dans le lac qui s'étalait à
leurs pieds.
    **c.** Si vous me le demandez, je ferai la recherche par Minitel.
    **d.** Il faut que je rentre avant la nuit.
    **e.** Prends ton vélo et va voir Isabelle, laquelle te renseignera mieux que
moi.

POUR ALLER PLUS LOIN

La proposition subordonnée peut être :
– une proposition subordonnée relative (elle complète **un nom** de
la proposition principale) ;

Ex.      <u>J'achète le livre</u>   /   <u>qui est en vitrine.</u>
         prop. principale          prop. sub. relative

– une proposition subordonnée conjonctive (elle complète **le verbe** de
la proposition principale).

Ex.      <u>Je constate</u>   /   <u>que tu es en pleine forme !</u>
         prop. principale        prop. sub. conjonctive

**52** Recopie les phrases ci-dessous. Souligne et nomme les différentes propositions. Précise si les subordonnées sont relatives ou conjonctives.

a. Le gardien demande que vous avanciez votre voiture.
b. Alexandra entra dans la pâtisserie et acheta le gâteau dont elle avait très envie.
c. Lequel d'entre vous a pris l'agenda qui était sur mon bureau ?
d. La famille Piolet ne va jamais en vacances au bord de la mer parce qu'elle aime trop la montagne.
e. Simon cria, hurla et insulta un camarade qui essayait de le calmer.

**53** Même exercice.

a. Pont-Aven est célèbre pour les galeries de peinture qui parsèment ses rues.
b. Nous souhaitons que tu t'inscrives rapidement au concours que tu veux passer.
c. Les filles voulaient aller au cinéma, les garçons préféraient la piscine parce qu'elle était située beaucoup plus près.
d. Le film dont tu m'as parlé sort cette semaine sur les écrans.
e. Le client entra dans le magasin, regarda plusieurs appareils, manipula longuement celui qui lui plaisait le plus et ressortit sans qu'on lui pose la moindre question.

# synthèse 1 ■

**54**   Certains des énoncés ci-dessous sont incomplets ou ne veulent rien dire. Lesquels ?

**a.** La réfection de la place du marché entraînera d'importantes perturbations pour la circulation.

**b.** Ce manuel des idées intéressantes.

**c.** Ce matin, rencontre au sommet entre les ministres de l'Agriculture.

**d.** Il n'y a aucune différence entre ta voiture.

**e.** Il serait quand même extraordinaire que je ne sois pas au courant !

**f.** La Déclaration des droits de l'homme est vieille de plus de deux siècles.

**g.** Je préfère les glaces à la vanille.

**h.** Non !

**i.** À ta place, je moquerais les corridors dans la vallée d'imposture.

**j.** Qui a dit qu'avec des « si », on mettrait Paris en bouteille ?

**55**   Classe les phrases ci-dessous en deux catégories : phrases verbales et phrases nominales.

**a.** Découverte d'un site préhistorique près d'Amiens.

**b.** Cette expérience démontre le poids de nos habitudes.

**c.** Ma première impression n'était peut-être pas la bonne.

**d.** Certains nuages peuvent être dangereux pour les amateurs de parapente.

**e.** Sur le littoral languedocien, nette amélioration de la qualité de l'eau.

**f.** On note une baisse sensible du nombre d'accidents graves.

**g.** Dans quelques jours, les effets désagréables disparaîtront.

**h.** Une suite favorable sera donnée à votre requête.

**i.** Jugement lundi dans l'affaire de l'usine Copatex.

**j.** Prochain bulletin : lundi !

**56**   Transforme les phrases verbales ci-dessous en phrases nominales, selon l'exemple.

Ex. Dimanche matin, on mettra des voitures en vente sur le parking du supermarché.
   Dimanche matin, mise en vente de voitures sur le parking du supermarché.

**a.** Une fois par mois, on propose une randonnée sur un thème historique.

**b.** À partir de l'année prochaine, on protégera mieux les espèces animales menacées.

**c.** On inaugure la nouvelle maison du tourisme, ce week-end.

**d.** Désormais, on réalise cette opération par microchirurgie.

**e.** La secrétaire prépare le courrier du directeur de l'établissement.

**57** Indique, pour chacune des phrases ci-dessous, son type et sa forme.

**a.** Encore des lentilles !

**b.** Ce mercredi ne restera pas comme un jour historique.

**c.** Qui demandez-vous ?

**d.** Ne retourne jamais dans cette maison en ruines.

**e.** Quelle superbe histoire d'aventures et d'amitié !

**f.** Les exercices de grammaire ne sont pas mon passe-temps préféré.

**g.** N'oublie pas de lui rendre son parapluie.

**h.** Pourquoi ne veux-tu plus regarder ce film ?

**i.** J'irai demain.

**j.** Sophie aimerait peut-être venir avec nous.

**58** Recopie les phrases ci-dessous et place la ponctuation manquante.

**a.** ▌ *Il manque deux virgules.*

La cire forme alors une pellicule très mince l'écaille qui se détache d'elle-même.

**b.** ▌ *Il manque deux virgules.*

Le glacier de Quarayaq au Groenland avance à une vitesse qui peut atteindre 20 mètres par jour.

**c.** ▌ *Il manque une virgule et deux tirets.*

La semaine dernière une tempête de neige phénomène rarissime à cette période a paralysé le Nord des États-Unis.

**d.** ▌ *Il manque cinq virgules.*

Dans ce village de vacances on peut jouer au tennis ou au golf se baigner tirer à l'arc participer à des randonnées pédestres pratiquer l'escalade et s'initier au parapente.

**e.** ▌ *Il manque un deux-points et une virgule.*

Beaucoup de déchets peuvent être recyclés ils servent alors à fabriquer de nouveaux produits économisant ainsi les matières premières.

**59** Recopie le texte ci-dessous et place la ponctuation manquante. (N'oublie pas les majuscules !)

▌ *Il manque cinq points et quatre virgules.*

Il y a quarante ans Aralsk était un grand port de pêche aujourd'hui il se trouve à... 100 km de la mer ce port était situé sur la mer d'Aral une mer intérieure qui est en fait un lac immense en 1960 la mer d'Aral était grande comme deux fois la Belgique aujourd'hui elle a rétréci de moitié et ses eaux sont polluées

C. Carissoni, « Une mer privée de son eau »,
*Les Clés de l'actualité Junior*, n° 44, décembre 1995 Milan Presse.

**60**  Recopie les phrases suivantes, puis souligne en bleu le groupe sujet, en rouge le groupe verbal et en vert les groupes facultatifs.

**a.** Le premier lundi de chaque mois, une société spécialisée nettoie toutes les vitres de notre entreprise.

**b.** Chaque année, en Bretagne, le centre de la Ligue pour la protection des oiseaux recueille 250 oiseaux recouverts de pétrole.

**c.** Ce peintre a représenté la mer avec beaucoup de talent.

**d.** Élise a comparé José à un gros chat fatigué !

**e.** De nos jours, la musique tient une très grande place dans le succès d'un film.

**61**  Recopie les phrases ci-dessous, souligne les verbes conjugués, puis sépare les différentes propositions lorsqu'il y en a plusieurs.

**a.** Clotilde fit le tour du lac en courant puis rentra se coucher.

**b.** Le facteur ouvre la boîte aux lettres, prend le courrier et l'entasse dans sa sacoche.

**c.** J'aimerais bien que tu écrives à tes grands-parents.

**d.** Tu ramasseras toutes les feuilles qui sont sur ton bureau et tu les classeras dans ce dossier.

**e.** Une multitude d'oiseaux affamés se précipita sur les miettes dispersées sur la pelouse.

**62**  Recopie les phrases ci-dessous, puis sépare et nomme les différentes propositions.

**a.** Lorsqu'il est entré, tout le monde travaillait.

**b.** Les concurrents longeront les côtes africaines, puis ils traverseront l'océan Indien.

**c.** Nous avons choisi le survêtement noir qui était en promotion.

**d.** J'apprécie ce quartier ; les petites rues me plaisent et j'aime les arpenter en tous sens.

**e.** La date que tu me proposes ne me convient pas.

# les différentes classes de mots ▄

Chaque mot appartient à un ensemble que l'on nomme **classe grammaticale**.
Tous les mots appartenant à une même classe peuvent être remplacés les uns par les autres sans que la phrase cesse d'être correcte.

**63** Recopie les phrases ci-dessous, puis souligne les noms et leurs déterminants.

    **a.** Au début de l'automne, les oiseaux partent vers les pays chauds.
    **b.** Nous avons un grand appartement à Paris.
    **c.** Un papillon bleu et jaune s'est posé sur la pelouse, devant le parterre de fleurs.
    **d.** À Noël, les commerçants éclairent leurs vitrines.
    **e.** Ces bateaux ne quitteront pas le port, car une tempête menace.

**64** Recopie les expressions ci-dessous, puis souligne en bleu les noms communs et en rouge les noms propres.

la rue Pasteur – la Loire – l'école Jean-Giono – un kangourou – Jean de La Fontaine – le poète – un fleuve – un fauve – Mickey – les Alpes – cette montagne – papa – le père.

**65** Recopie les phrases ci-dessous. Souligne en bleu les noms, en noir les déterminants, puis indique la nature du déterminant.

Ex. <u>Ce</u> jeune <u>acteur</u> deviendra célèbre.
    adj. démonstr.

    **a.** Le Soleil est une étoile.
    **b.** Il avait rempli ses poches avec des pommes vertes.
    **c.** Nous n'allons pas nous promener dans ces bois sombres.
    **d.** Cet oiseau porte sur sa tête une huppe.
    **e.** Pendant l'automne, on récolte des fruits sauvages.
    **f.** Certains de ces champignons ne sont pas comestibles.
    **g.** Les pêcheurs remontaient dans leurs filets une pêche exceptionnelle.
    **h.** Nos bottes s'enfoncent profondément dans la boue du chemin.

**66** Recopie ces phrases, puis souligne en bleu les adjectifs qualificatifs et mets une croix sous les noms (ou pronoms) qualifiés.

**a.** Il ne faut pas faire de mauvaises actions.
**b.** Le Père Noël est fatigué après une longue nuit de travail.
**c.** Ses notes deviennent catastrophiques.
**d.** Le ballon bleu appartient à Sylvie.
**e.** Les petites souris étaient très gourmandes.
**f.** Nous sommes allés écouter un chanteur italien très célèbre dans son pays.
**g.** Le loup féroce ouvrit une gueule énorme et effrayante.
**h.** L'enfant, très fier de lui, se contenta de sourire.
**i.** « Tu es bien curieuse », dit Sophie à sa petite camarade.
**j.** Le miel de châtaignier a un goût très particulier.

**67** Recopie ce texte, puis souligne les pronoms personnels.

Dans un pays pas très loin d'ici, habitait un loup qui adorait les enfants bien élevés ; c'est-à-dire qu'il adorait les manger tout crus. Les parents tremblaient pour leurs enfants et les empêchaient de sortir. Un jour, une mère de famille nombreuse fit une découverte étonnante : il ne s'en prenait jamais aux enfants mal élevés ! Elle réunit les autres parents et leur parla de sa trouvaille…

B. Friot et P. Corentin, *Le Croqueur d'enfants sages*, Bayard Éditions.

**68** Recopie les phrases ci-dessous, puis souligne en bleu les pronoms personnels sujets et en rouge les pronoms personnels compléments.

**a.** En l'an 2000, elle aura quinze ans.
**b.** Si vous observez attentivement ce sommet, vous apercevrez une cordée d'alpinistes.
**c.** Le chat épie la souris, l'attrape et la tue.
**d.** Les livres d'histoire me passionnent.
**e.** Amélie mélange les morceaux du puzzle ; elle le recompose en cinq minutes.
**f.** Comme le patineur abordait sa triple boucle piquée, il chuta.
**g.** Le cerf nous observa et repartit en sens inverse.
**h.** Elle lui lava les cheveux et les lui attacha.
**i.** Soigne-toi bien.
**j.** Nous nous laverons les mains et nous irons manger.

**69**  Recopie les phrases ci-dessous, puis souligne le mot **leur** en bleu quand il est adjectif possessif et en rouge quand il est pronom personnel.

    **a.** Dans leur maison en Provence, ils possèdent une piscine.
    **b.** Nous leur apporterons des fleurs quand nous irons les voir.
    **c.** S'ils nous envoient leurs vœux, nous leur répondrons.
    **d.** Ne donnez pas trop de bonbons aux enfants, c'est nocif pour leurs dents.
    **e.** Apprenez-leur l'hygiène dès leur plus jeune âge.

**70**  Recopie les phrases ci-dessous, puis souligne en bleu les pronoms démonstratifs et en rouge les mots ou groupes de mots qu'ils remplacent (quand c'est possible).

    **a.** Ne mélange pas tes perles avec celles de Marie.
    **b.** Prends le train de 18 h 30 plutôt que celui de 17 h.
    **c.** Les poissons aussi ont des dents ; celles de la sardine sont fines et pointues.
    **d.** J'ai bien compris ce qu'il a dit.
    **e.** Les Indiens n'ont pas toujours connu les chevaux ; ceux du XVII$^e$ siècle utilisaient des chiens.

**71**  Recopie les phrases ci-dessous, puis souligne en bleu les pronoms possessifs et en rouge les noms ou groupes de noms qu'ils remplacent.

    **a.** Ces lunettes ne sont pas à toi ; ce sont les miennes.
    **b.** Vos skis sont plus légers que les siens.
    **c.** Notre cour est mieux entretenue que la leur.
    **d.** Mes études se terminent bientôt. Quand les vôtres prendront-elles fin ?
    **e.** Je suis satisfaite de mes résultats à l'examen. Que penses-tu des tiens ?

**72**  Recopie les phrases ci-dessous, puis souligne en bleu les pronoms relatifs et mets une croix sous le nom qu'ils remplacent.

    **a.** Les oiseaux qui se rassemblent sur les fils sont prêts à partir.
    **b.** La région où je passe mes vacances est fort belle.
    **c.** Je préfère les livres qui racontent des aventures.
    **d.** Viens voir la belle table sur laquelle est posé le vase.
    **e.** La personne dont je vous parle est en voyage.
    **f.** Je ne sais pas où j'ai rangé les gants que j'ai achetés hier.
    **g.** Nous devons apprendre une leçon que nous devrons ensuite réciter.
    **h.** Mon cousin est allé voir le film dans lequel jouait un ami à nous.
    **i.** C'est la seule personne à qui elle parle.
    **j.** Viens voir le mur sur lequel j'ai peint.

**73**   Recopie les phrases ci-dessous, puis souligne les adverbes.

   **a.** Elle a légèrement souri.
   **b.** Henri et Véronique partent ensemble visiter l'Arc de Triomphe.
   **c.** L'œil de l'animal brille méchamment.
   **d.** Ne rentre pas tard.
   **e.** J'espère qu'ils vont arriver bientôt.

**74**   Recopie les phrases ci-dessous, puis souligne en bleu les adverbes et en rouge les mots qu'ils modifient en indiquant leur nature.

   **a.** Ma cousine n'est pas allée dehors depuis une semaine.
   **b.** Ludovic mange beaucoup.
   **c.** C'est bien d'être poli.
   **d.** Robert est peu attentif à ce qu'on lui dit.
   **e.** Ne pars pas trop vite ; tu arriveras plus facilement.
   **f.** Les archéologues ont longuement fouillé les ruines.

**75**   Recopie les phrases, puis souligne le verbe conjugué (quand il existe).

   **a.** Les portes de l'école ouvrent à 8 h 20.
   **b.** Interdiction d'afficher.
   **c.** Quel beau film !
   **d.** Nous avons acheté ce tapis en solde.
   **e.** Les trois coups annoncent le lever de rideau.
   **f.** Soyez exacts !

### POUR ALLER PLUS LOIN

Certains mots peuvent être employés soit comme adjectif qualificatif, soit comme adverbe. Il faut utiliser un autre adjectif ou un autre adverbe pour reconnaître la classe à laquelle ces mots appartiennent.

**76**   Indique si le mot en gras est un adjectif qualificatif ou un adverbe.

   **a.** Il chante **faux**.
   **b.** Ton exercice est **faux**.
   **c.** Cet homme semble très **fort**.
   **d.** Tu t'es montré **fort** grossier.
   **e.** Le toit de cet immeuble paraît **haut**.
   **f.** Les grues sont des oiseaux qui volent **haut**.

# le nom ■

> Les noms sont des mots qui désignent des personnes, des animaux, des objets, des idées.
>
> Ex.        Damien, un cheval, le cahier, du courage, le soleil
>
> Le nom est généralement précédé d'un déterminant; il forme avec lui un groupe du nom (GN).
>
> Un nom peut être un nom commun ou un nom propre. Ex. un pays – La France
>
> Il peut être masculin ou féminin. Ex. le verre  – la bouteille
>
> Il peut être singulier ou pluriel. Ex. un objet – des objets.

**77** Recopie les phrases suivantes, puis souligne les noms communs.

   **a.** Le célèbre footballeur traverse le terrain sous les acclamations.
   **b.** Thierry et Grégory surveillent leurs adversaires.
   **c.** Le commissaire fait une enquête difficile.
   **d.** Tous les garçons jouent à la course au trésor.
   **e.** Hervé et Corinne écrivent une carte à leur grand-mère.

**78** Relève les noms communs dans la liste suivante.

   Natacha – dedans – jolie – la sortie – le lampadaire – les recettes – grand – chanté – blanc – l'entrée – le téléphone – peu.

**79** Recopie les phrases suivantes, puis souligne en bleu les noms communs et en rouge les noms propres.

   **a.** Demain, dimanche, le temps sera ensoleillé.
   **b.** À l'horloge du couloir, il est exactement huit heures.
   **c.** Mon oncle Christophe visite l'île d'Oléron.
   **d.** Le rayon des jouets se trouve au premier étage du magasin.
   **e.** Après le déjeuner, Jean-Claude et Janine se rendront au cinéma de Poissy.

**80** Recopie le texte suivant, puis souligne en bleu les noms communs et en rouge les noms propres.

   Durant le mois d'août, Olivia et Jérémy sont partis en vacances dans les Alpes. Le temps fut superbe, les paysages grandioses. Ils sont rentrés à Franconville avec de merveilleux souvenirs.

**81** Recopie les mots suivants, puis souligne en bleu les noms communs et en rouge les noms propres.

Le massif du Mont-Blanc – le chien Rufus – la vallée du Rhône – le roi Louis XIV – le canal de Suez – le port du Havre – la capitale de la France – le chat Patoun – le jambon de Bayonne – le nougat de Montélimar – la moutarde de Dijon.

**82** Classe les noms propres suivants en deux colonnes :
– les noms propres se rapportant à l'histoire ;
– les noms propres se rapportant à la géographie.

François I$^{er}$ – l'Amérique – Clovis – le Luxembourg – Marseille – François Mitterrand – l'Italie – Charlemagne – les Pyrénées – la Loire – l'Iran – New York – Sully – Richelieu – la Normandie – la Corse.

**83** Classe les groupes nominaux ci-dessous en deux colonnes : groupes nominaux masculins et groupes nominaux féminins.

la lessive – le béton – la démocratie – un côté – des casques – des barrières – un moucheron – l'animal – une fiche – le parfum – des pirates – des pinces – Stéphanie – le courage – le Rhône – des portraits – nos boissons.

**84** Dans les phrases ci-dessous, relève les noms communs et classe-les en deux colonnes : noms singuliers et noms pluriels.

**a.** Mélangez le sucre, la farine et les amandes avec un peu d'eau avant de faire des boulettes.

**b.** Le vendeur proposait un prix très intéressant pour les noix, la salade et plusieurs variétés de tomates.

**c.** Travaux des champs et baignades dans le canal ont rythmé les étés de ma jeunesse campagnarde.

**85** Dans les phrases ci-dessous, relève les noms et classe-les en deux colonnes: noms masculins et noms féminins.

**a.** Caroline attend le bus pour se rendre au lycée.
**b.** Les pompiers ont éteint l'incendie dans l'usine de peinture.
**c.** Ce jeu nécessite une grande attention.
**d.** Une vive lumière inondait les champs.
**e.** Est-ce la Loire ou le Rhône le plus long fleuve de France ?

**86** Dans le texte ci-dessous, relève les noms et classe-les en deux colonnes: noms masculins et noms féminins.

Cette grande maison du début du siècle est entourée de pins maritimes et offre une vue imprenable sur la mer. Vous pourrez y déjeuner sur la terrasse ou dans la salle à manger aux baies vitrées. Le calme est total et la cuisine très raffinée. Les spécialités sont l'escalope de saumon au vinaigre de framboise et la cassolette de moules au safran.

**87** Classe les groupes nominaux ci-dessous en deux groupes: groupes nominaux singuliers et groupes nominaux pluriels.

des lettres – plusieurs feuilles – un tapis – trois roses – la qualité – ton choix – ce pilote – des creux – un calendrier – quelques points – l'hiver – des pancartes – mon avis – un gant – ces coloris – notre échiquier – ce prix.

**88** Dans le texte ci-dessous, relève les noms communs et classe-les en deux colonnes: noms singuliers et noms pluriels.

Trois cents hectares de jardins s'étendent au cœur de l'agglomération d'Amiens. Ils sont parcourus par 55 kilomètres de petits canaux. La découverte de ce site ne s'effectue qu'en barque ou à pied. Les hortillonnages sont d'anciens marais composés à l'origine de treize bras de la Somme et de fossés.

D'après la plaquette Découverte des hortillonnages, office de tourisme d'Amiens.

**89** Dans les phrases ci-dessous, recopie les noms et définis-les comme dans l'exemple.
Ex. rencontres: nom commun, féminin, pluriel.

**a.** Les rencontres auront lieu dans la grande salle du gymnase.
**b.** Les rescapés n'avaient même pas la force de quitter l'embarcation.
**c.** Au buffet de ce restaurant, le choix est impressionnant.
**d.** Cet itinéraire nous dévoile toutes les curiosités historiques de votre région.

# le verbe ■

Le verbe est un mot qui exprime :
– ce que fait le sujet ; c'est un **verbe d'action ;**
Ex.     La nageuse **plonge** du rocher.
– ce qu'est le sujet ; c'est alors un **verbe d'état.**
Ex.     Ce chien **paraît** hargneux.
Les verbes d'état sont : être, devenir, sembler, paraître, avoir l'air...
Un verbe à l'infinitif est invariable. Ex. rester, choisir, tordre.
Un verbe conjugué varie selon le mode, le temps et la personne choisis.
Ex.     Je jou**e**, tu jou**es**, tu jou**ais**...

**90**     Recopie les phrases suivantes, puis souligne les verbes.

    **a.** Les éléphants vivent en Afrique et en Asie.
    **b.** Le chaton joue avec une pelote de laine, sous la table.
    **c.** On ne marche pas sur la pelouse fraîchement tondue.
    **d.** Cédric tire la langue à son camarade Michel.
    **e.** Le lion, roi des animaux, somnole à l'ombre d'un arbre.

**91**     Recopie les verbes de la liste de mots ci-dessous.

    rire – la chaise – ce – écriture – vrai – dévorer – marcher – un cahier – grand –
    ma – fermier – partir – livres – rêveries – une affaire – livrer – les.

**92**     Même exercice.

    une – mordre – virgule – appel – travail – calme – presser – tranquille – vers –
    laine – nôtre – un classeur – les – nuages – pencher – la – panier –
    les gelées – l'étrange – rôtir – travailler.

**93**     Donne l'infinitif de chaque verbe conjugué.

| | | | |
|---|---|---|---|
| il est | j'observe | nous avons | il dit |
| ils vont | tu descends | vous peindrez | tu dors |
| vous grandissez | ils verront | nous nettoyons | je comprends |
| nous mettons | vous suivez | elle essaiera | nous choisissons |
| vous faites | elles mentent | elles sourient | tu es né |

**94**  Recopie les phrases suivantes, souligne les verbes et donne leur infinitif.

    **a.** Le matin, nous sautons du lit !
    **b.** Maman se lève la première.
    **c.** Le réveil sonne tôt.
    **d.** Il fait encore sombre dehors.
    **e.** Le radiateur, près du mur, chauffe la pièce.

**95**  Recopie les phrases suivantes, puis souligne les verbes à l'infinitif.

    **a.** Souffler n'est pas jouer.
    **b.** Il est interdit de piétiner les plates-bandes.
    **c.** Le déjeuner est prêt, il faut se dépêcher si l'on veut arriver à l'heure.
    **d.** J'aime observer le coucher de soleil sur la mer.
    **e.** On se retournait pour mieux l'entendre parler.

**96**  Recopie les phrases suivantes, puis souligne les verbes conjugués et donne leur infinitif.

    **a.** Ce travail m'a beaucoup plu.
    **b.** Ce soir, nous mangerons du rôti de veau.
    **c.** L'équipe favorite marqua un essai à la 22$^e$ minute de jeu.
    **d.** Le gardien de but essaya d'arrêter le tir puissant.
    **e.** Un peu plus tard, l'avion disparut dans les nuages.

**97**  Recopie les phrases suivantes et indique si les mots en gras sont des verbes ou des noms.

    **a.** Le soleil **pointe** le bout de son nez à la **pointe** de la montagne.
    **b.** Je n'ai pas peur du **travail**, alors, je **travaille** beaucoup.
    **c.** Dans la chambre, le **réveil** sonne et Hélène **se réveille** en sursaut.
    **d.** Il y a une **mouche** dans le **fond** de ma **tasse**.
    **e.** Le printemps arrive et la neige **fond**.
    **f.** Le joueur **court** sur le **court** de tennis.
    **g.** Carole **se mouche** bruyamment.
    **h.** Intimidé, Pierre **se tasse** dans le fauteuil.

**98** Recopie les phrases suivantes. Souligne les verbes conjugués et donne leur infinitif.

**a.** En forêt, j'écoute le bruissement des feuilles.

**b.** Pour observer les chamois, il faut partir avant le lever du soleil.

**c.** Dans la foule, on entendit un murmure qui, peu à peu, enfla, s'amplifia et finit par recouvrir la voix de l'orateur.

**d.** Le jardinier s'occupe de l'entretien des espaces verts.

**e.** Le garagiste s'entretient avec ses collègues.

**99** Recopie le texte suivant et souligne les verbes conjugués. Vérifie ton travail en mettant le texte au futur.

C'est qu'elle n'avait peur de rien, la Blanquette. Elle franchissait d'un saut de grands torrents qui l'éclaboussaient au passage de poussière humide et d'écume. Alors, toute ruisselante, elle allait s'étendre sur quelque roche plate et se faisait sécher au soleil...

A. Daudet, La Chèvre de M. Seguin.

**100** Recopie le texte suivant. Souligne en bleu les verbes conjugués et en rouge les verbes à l'infinitif.

Cet itinéraire pédestre traverse des territoires particulièrement sensibles qui peuvent être victimes du succès qu'ils rencontrent près de touristes qui les fréquentent chaque année plus nombreux. Respectons-les, faisons-les respecter pour qu'ils restent accueillants et reposants, pour que tous puissent en profiter en toute intelligence avec ceux qui en tirent leur subsistance : agriculteurs, forestiers, bergers.

D'après le topo-guide Tour des lacs d'Auvergne,<br>Fédération française pédestre.

**101** Même exercice.

Il longea la façade, passa devant la porte éclairée et gagna l'appentis. Il alluma sa lampe qu'il suspendit à un clou planté dans un pilier, et il se mit à sortir les lapins de leur cage. Il les prenait par les oreilles et les laissait tomber dans un sac à blé. Lorsqu'il eut une dizaine de bêtes dans le sac, il le ferma, l'empoigna des deux bouts et, d'un grand effort, il le lança en travers de ses épaules. Les lapins gigotaient et couinaient.

B. Clavel, Tiennot, éd. Mon village.

**Les deux exercices suivants sont corrigés à la page 189.**

**102** Dans le texte suivant, relève les verbes conjugués et donne leur infinitif.

Alain marchait sur le sentier depuis deux heures, et, sur ses épaules, son sac à dos balançait doucement au rythme de ses pas. Il progressait régulièrement, sous le couvert des sapins, et, quelquefois, par une trouée, il apercevait les minuscules maisons du village. Bientôt, il arriva aux alpages et, dans un ultime effort, il atteignit le col. Là, devant lui, s'étalaient les mille nuances de la forêt automnale. Il resta un long moment à contempler ces couleurs frémissantes, puis, brutalement saisi par le froid de l'altitude, il regagna l'abri des arbres.

**103** Même exercice.

Les alizés du nord-est succédèrent aux vents d'ouest. Les baleines avançaient rapidement. La nuit, pendant leur sommeil, les flots les portaient vers le sud. Elles chassaient peu, car elles pénétraient à présent dans les mers tropicales et n'avaient plus besoin de se rembourrer d'épaisses couches de cette graisse protectrice. Elles se contentaient des proies égarées sur leur chemin. La chaleur oppressante du soleil les rendait léthargiques et les ralentissait. Par une merveilleuse journée de juillet, elles atteignirent leur destination.

J. Lucas, *Sabre la baleine*, Robert Laffont.

## LE PARTICIPE PASSÉ

**Chaque verbe a un participe passé.**
**Ce participe passé est:**
– **en é pour les verbes du 1ᵉʳ groupe. Ex. tombé, rangé, soigné.**
– **en i pour les verbes du 2ᵉ groupe. Ex. jauni, fini, choisi.**
– **le plus souvent en s, t ou u pour les verbes du 3ᵉ groupe.**
**Ex. mis(e), écrit(e), entendu(e).**

**104** Écris le participe passé de chacun des verbes ci-dessous.

| | | | | |
|---|---|---|---|---|
| copier | remuer | garnir | oublier | bondir |
| grossir | remercier | remplir | mériter | frémir |
| choisir | saisir | nettoyer | noircir | commencer |
| prévoir | descendre | battre | cueillir | lire |
| rougir | détruire | déménager | prendre | servir |

**105** Recopie les phrases ci-dessous et souligne les participes passés.

**a.** J'ai brossé mes chaussures, puis je les ai cirées.
**b.** Une fois le repas terminé, la table a été desservie.
**c.** Des fleurs fanées pendaient tristement au-dessus de la cheminée.
**d.** Ta mère a servi un repas à base de viande grillée.

**106** Même exercice.

**a.** Ludovic avait gagné une récompense largement méritée.
**b.** Au cours de la journée, j'ai reçu trois factures à payer.
**c.** Le visage bronzé, en pleine santé, Sandra est rentrée de vacances.
**d.** Si vous êtes intéressé, une nouvelle possibilité vous sera donnée dans la matinée.
**e.** Le projet imaginé par cet architecte sera examiné attentivement par la nouvelle assemblée.

**107** Dans le texte ci-dessous, relève chaque participe passé et écris le verbe à l'infinitif.

Il avait la gorge serrée, les larmes lui brûlaient les yeux, mais il était trop abattu pour pleurer. Tous ses rêves de dompter Majda Koum, tous ses espoirs de devenir le cornac du grand éléphant s'étaient évanouis en fumée. Il ne lui restait plus rien sur terre.

W. Lindquist, *Hadji, le cornac*, traducteur : A. Sylvain, Hachette-Jeunesse.

**108** Même exercice.

Longtemps, Dan a regardé les braises du feu qu'il a allumé près de son nouvel abri après le départ de Bruno… Puis, il s'est mis à bâiller. Il a posé des pierres sur le foyer, il a cassé encore deux noix et enfin s'est glissé dans sa maison de genêts et de branches.

A.M. Chapouton, Les Voleurs de petit sentier, Hachette-Jeunesse.

## LE PARTICIPE PRÉSENT

Chaque verbe a un participe présent.

Ce participe présent est invariable et terminé par **ant**.

Ex.    (en) mangeant, (en) choisissant, (en) entendant.

**109** Recopie les phrases ci-dessous et souligne les participes présents.

    **a.** Mon petit frère s'est cassé la jambe en skiant.

    **b.** Relevant la tête, je vis le cerf-volant fondant sur moi.

    **c.** La petite troupe s'avançait en sifflant, les mains dans les poches.

    **d.** Tu as appris la bonne nouvelle en écoutant la radio.

    **e.** Elle battait la mesure en bougeant la tête.

**110** Même exercice.

    **a.** Se voyant perdu, il prit la fuite en criant.

    **b.** Paul se retourna une dernière fois et partit en sifflant un air joyeux.

    **c.** Demande à Gaétan s'il apprend ses leçons en écoutant de la musique !

    **d.** Éclairant la piste de leurs lampes électriques, les policiers suivaient les traces de pas.

    **e.** Nous observions le soleil se couchant sur la mer.

**P O U R   A L L E R   P L U S   L O I N**

Il ne faut pas confondre le participe présent avec l'adjectif verbal, lequel s'accorde avec le nom qu'il qualifie.

Ex.   Ils ont roussi leurs cheveux en <u>brûlant</u> des branches mortes.

*participe présent*

Ils ont bu des cafés <u>brûlants</u> (des tisanes brûlantes).

*adjectif verbal*

**111** Recopie les phrases ci-dessous et indique si les mots en gras sont des participes présents ou des adjectifs verbaux.

**a.** C'est en **forgeant** qu'on devient forgeron.

**b.** En **collant** son oreille contre le mur, il entendit un bruit **inquiétant**.

**c.** Guillaume tomba sur le trottoir **glissant**.

**d.** « Tout de suite ! » s'exclame Sébastien **riant** de bon cœur.

**e.** Un lion **terrifiant** se rua sur sa proie en **rugissant**.

# les principaux déterminants ■

> Les déterminants (articles, adjectifs possessifs, adjectifs démonstratifs....) précèdent les noms ; ils apportent des indications sur le genre et le nombre de ces noms.
>
> Ex.    un paysage – tes outils – cette histoire

**112** Recopie les phrases ci-dessous, puis souligne en rouge les articles et en bleu les noms qu'ils déterminent.

    **a.** Les hôtels modernes sont souvent situés le long des autoroutes.
    **b.** Un énorme bouquet égayait la pièce.
    **c.** « Retirez le bouchon et remplacez-le par l'embout spécial. »
    **d.** Un traversin ergonomique est meilleur pour le dos qu'un oreiller.
    **e.** Des pots de toutes tailles étaient disposés sur d'immenses étagères.

**113** Recopie les phrases ci-dessous, puis souligne en bleu les articles définis et en rouge les articles indéfinis.

    **a.** Sur la blancheur du mur, une araignée faisait une tache.
    **b.** Les grandes personnes ont parfois des discussions lassantes.
    **c.** Le cheval sauvage s'était écroulé sous un déluge de lassos.
    **d.** « Joins-toi à nous pour passer les fêtes ! »
    **e.** L'étudiant prit la parole et fit un long discours.
    **f.** Au siècle dernier, les enfants travaillaient dur.
    **g.** Mon voisin a de modestes revenus.
    **h.** De retour sur ses terres, l'Indien respira profondément.
    **i.** De minuscules gouttes se mirent à tomber.
    **j.** Les tableaux des peintres flamands sont très réalistes.

**114** Recopie les phrases ci-dessous, puis souligne en rouge les adjectifs possessifs et en bleu les noms qu'ils déterminent.

    **a.** Hier, j'ai obtenu ma meilleure note en expression écrite.
    **b.** Sébastien a offert le cinéma à ses parents pour l'anniversaire de leur mariage.
    **c.** Certains de ses livres sont très abîmés.
    **d.** « Oublie mes paroles. Je les regrette. »
    **e.** Pauline a acheté sa jolie écharpe dans un grand magasin à Paris.

**115** Même exercice.

    **a.** Votre beau collier est composé de perles de nacre.

    **b.** Dans ses yeux, on voit briller une lueur de joie.

    **c.** Régis a fait son service national dans la marine.

    **d.** Notre ville possède un parc floral réputé.

    **e.** Ils avaient épinglé sur leur blouson un petit ruban rouge.

**116** Recopie les phrases ci-dessous, puis souligne en rouge les adjectifs démonstratifs et en bleu les noms qu'ils déterminent.

    **a.** Je ne connais pas le nom de ces objets bizarres.

    **b.** Les histoires de cet écrivain nous invitent au voyage.

    **c.** « Laisse donc ce pauvre chat tranquille ! »

    **d.** Cette cantatrice a une voix admirable.

    **e.** Toutes ces îles portent des noms qui chantent.

    **f.** Cet air malsain nous pollue, c'est certain.

    **g.** Je ne comprends pas cette façon de parler ; ce que tu dis est vulgaire.

**117** Indique si **le**, **la**, **les**, **l'** est article défini ou pronom personnel.

    **a.** Le départ du marathon se fera à l'entrée du stade municipal.

    **b.** Je lui tendis la boîte ; il la prit et l'ouvrit.

    **c.** La veste est accrochée au portemanteau.

    **d.** Dans les bois touffus, les chasseurs traquent leurs proies ; quand ils les ont repérées, ils les abattent.

**118** Même exercice.

    **a.** « Laissons-la se débrouiller seule. »

    **b.** L'avion se rapproche ; nous l'entendons distinctement.

    **c.** « Tu n'as pas obtenu la meilleure note, loin de là… »

    **d.** Les pieds de Mathilde sont écorchés ; il faut les soigner.

    **e.** Le numéro 12 vient après le numéro 36.

**119** Indique si **des** est article défini contracté (= de les) ou article indéfini (pluriel de un ou une).

    **a.** Donne-moi des idées de cadeaux.

    **b.** Nous mangerons en rentrant des courses.

    **c.** Le vieil homme s'était assis sur un des bancs fraîchement repeints.

    **d.** Des loups hurlaient, le soir, à l'orée des bois.

    **e.** L'un des deux mentait ; mais lequel était-ce ?

**120** Même exercice.

    **a.** « Achète également des feuilles non perforées. »
    **b.** Des paquets d'écume recouvraient le sable.
    **c.** La semelle des bottes était percée.
    **d.** Des corsaires cachaient des trésors sur certaines îles.
    **e.** La carte des restaurants asiatiques est très fournie.

**121** Recopie le texte suivant. Souligne les déterminants et indique leur nature.

Les cétacés reviennent à la surface de l'eau et chassent l'air contenu dans leurs poumons : l'air sort par un ou deux trous situés au sommet du crâne. Il est mélangé à de la vapeur d'eau et forme un jet : c'est le souffle des baleines.

P. Geistdoerfer, *Grands animaux sous la mer*, Gallimard, coll. « Découverte Benjamin ».

## POUR ALLER PLUS LOIN

Il existe d'autres déterminants :
– les adjectifs indéfinis : aucun, chaque, tout, nul, plusieurs, quelques…
– les adjectifs numéraux : un, deux, trente, mille…

**122** Recopie les phrases ci-dessous, puis souligne les adjectifs indéfinis en bleu, ainsi que les noms qu'ils déterminent, et les adjectifs numéraux en rouge, ainsi que les noms qu'ils déterminent.

    **a.** Nous n'oublierons aucun nom de la liste.
    **b.** Pierre n'a pas acheté une, mais deux glaces !
    **c.** Quarante francs, c'est cher pour un cahier.
    **d.** Quelques coups de lance ont suffi pour tuer l'animal.
    **e.** Le footballeur n° 10 a marqué trois buts.
    **f.** À chaque pas, il ressentait la douleur dans le dos.
    **g.** Le vieux chêne atteint quinze mètres de haut.
    **h.** Écoute plusieurs avis avant de te faire une opinion.
    **i.** Cet été, je me suis baigné tous les jours.
    **j.** Le rorqual peut mesurer trente mètres de long.

# l'adjectif qualificatif ■

L'adjectif qualificatif est un mot qui accompagne le nom pour le préciser ou le décrire. Le participe passé s'utilise souvent comme un adjectif qualificatif.

Ex.    J'ai acheté une jolie robe.
       Ce tableau est très ancien.
       C'est un bouquet de fleurs séchées.

L'adjectif qualificatif s'accorde en genre et en nombre avec le nom qu'il qualifie.

Ex.    Un lion cruel – une lionne cruelle
       Des lions cruels – des lionnes cruelles
       Un verre cassé – des verres cassés

**123** Recopie les phrases suivantes, puis souligne les adjectifs qualificatifs. (Aide-toi en utilisant un autre adjectif qualificatif, comme **grand** ou **vrai** par exemple.)

   **a.** Un vent violent souffle sur la région.
   **b.** Une forte tempête soulevait des nuages de poussière.
   **c.** Je préfère le travail écrit au travail oral.
   **d.** Le vieil homme traversa la rue déserte.
   **e.** Pasteur fut un grand chercheur.

**124** Même exercice.

   **a.** Les principales villes françaises sont Paris et Lyon.
   **b.** De magnifiques châteaux bordent la Loire.
   **c.** Rémy a les mains sales.
   **d.** La marine anglaise était plus puissante que la marine française.
   **e.** De hautes flammes dévoraient les jeunes arbres.

**125** Recopie les expressions suivantes, puis souligne les adjectifs qualificatifs.

   **a.** De magnifiques fleurs blanches.        **e.** Une rue étroite, mais animée.
   **b.** Une voiture puissante et rapide.       **f.** Une course longue et éreintante.
   **c.** Un bon gros chat paisible.             **g.** Un grand jardin ombragé.
   **d.** Un gentil petit diablotin.             **h.** L'aride désert rocheux.

**126** Dans la liste suivante, recopie uniquement les adjectifs qualificatifs.

longueur – long – allonger – forteresse – fortune – forte – formidable – épais – épaissir – épaisseur – vitesse – vite – rapide – rapidement – rapidité – Laurine – lourde – alourdir – Gaétan – gai.

**127** Recopie les listes suivantes, puis relie les noms avec les adjectifs qualificatifs qui conviennent.

| | |
|---|---|
| La fenêtre | blonds |
| Les passages | bruyantes |
| Un temps | humide |
| Des rues | cloutés |
| Un cheval | rapide |
| Le parc | interdit |
| Des lionnes | municipal |
| Un sens | close |
| Des cheveux | inquiets |
| Les parents | cruelles |

**128** Recopie les phrases suivantes, puis souligne les adjectifs qualificatifs et mets une croix sous le nom (ou le pronom) qu'ils qualifient.

**a.** Ce gros chien paraît méchant.
**b.** N'oublie pas d'apporter ton nouveau jeu.
**c.** Mon pull neuf est taché.
**d.** Samedi dernier, j'ai vu un superbe film.
**e.** Farah n'était pas malade ; elle souffrait d'une horrible rage de dents.
**f.** Patrice ne croit pas à mon histoire ; pourtant, elle est vraie.
**g.** Mes deux raquettes sont cassées. Je suis désolée de ne pouvoir jouer.
**h.** Aie un peu de courage ; tu devrais être moins peureuse !
**i.** La saison estivale est ma préférée.
**j.** As-tu vu comment ses cheveux sont devenus gris ?

**J E   T R A V A I L L E   S E U L ( E )**

**L'exercice suivant est corrigé à la page 189.**

**129** Recopie les phrases ci-dessous, puis souligne les adjectifs qualificatifs et les participes passés employés comme adjectifs, et mets une croix sous les noms (ou pronoms) qualifiés.

    **a.** Arrivés au refuge, les randonneurs se changent.

    **b.** On a ramassé un nid de mésanges, détruit par la tempête.

    **c.** Attentif au moindre bruit, le chat guette sa proie.

    **d.** Les gazelles s'enfuient en bondissant, effrayées par le rugissement du lion.

    **e.** La tache de confiture attire les fourmis, car elle est très sucrée.

    **f.** Alourdies par la neige, les branches de sapin ploient.

    **g.** Malade de peur, il s'enfuit à toutes jambes.

    **h.** Prends ton temps, tu es si maladroit !

    **i.** Desséchées sur l'arbre, les dernières feuilles finissent par s'envoler.

    **j.** Venus du nord, quelques oiseaux de passage se reposent sur nos toits.

**P O U R   A L L E R   P L U S   L O I N**

Certains adjectifs qualificatifs se présentent comme des participes présents et se terminent par **ant** (on les appelle alors des adjectifs verbaux) ; ils s'accordent avec le nom, alors que le participe présent reste invariable.

Ex.       Des enfant sortent en <u>souriant</u>. Des enfants <u>souriants</u> nous attendaient.

                  p. présent              adj.

**130** Recopie les phrases ci-dessous, puis donne la nature du mot en gras.

    **a.** Le rosier **grimpant** du jardin atteint 2 m de haut.

    **b.** L'enfant, **grimpant** sur le mur, faillit tomber.

    **c.** Certains objets **encombrants** sont ramassés le dernier jeudi de chaque mois.

    **d.** Des cartons, **encombrant** la cour, nous empêchaient de passer.

    **e.** Ce serpent n'est plus **vivant**.

    **f.** L'animal, **vivant** au fond des bois, se montrait peu.

    **g.** Le terrain paraît **glissant**.

    **h.** **Glissant** dans la boue, il se rattrapa de justesse.

# le pronom ■

Les pronoms remplacent des noms (ou groupes nominaux) afin d'éviter des répétitions ; ils ont la même fonction que les noms (ou groupes nominaux) qu'ils remplacent.

Ex.  **Pierre** se lève et se prépare ; **il** va ensuite déjeuner.
     sujet                                    sujet

Je préfère ma **coiffure** à **celle** de Martine.
              complément d'objet

**131** Recopie les phrases ci-dessous. Souligne en rouge les pronoms personnels qui remplacent les noms (ou les groupes nominaux) en gras.

a. **Le fauve** se tapit ; il avait repéré sa proie.

b. **Mes cousins et moi**, nous partons ensemble en vacances.

c. Demain soir, **une fête** est organisée sur la place du village ; un grand bal la clôturera.

d. Le cheval s'élance vers **l'obstacle** et le franchit.

e. **Françoise et Caroline** vont dans les magasins où elles dépensent beaucoup d'argent.

f. Marie se promène avec **son papa** ; elle lui donne la main.

g. Essuie **ton ardoise** et range-la.

h. Nous avons invité **nos amis** à dîner ; nous leur avons téléphoné.

i. Va chercher **le pain** et manges-en.

j. « Allez vous promener sans moi » dit **Pierre** à Alain et Jean.

**132** Recopie les phrases ci-dessous. Souligne en bleu les noms (ou les groupes nominaux) que les pronoms personnels en gras remplacent.

a. Mathilde se lève tôt le matin ; **elle** se couche donc de bonne heure le soir.

b. Une camarade de classe est souffrante ; je **lui** apporterai ses leçons.

c. Un éclair traversa le ciel en **le** zébrant.

d. Mon oncle a une maison en Provence ; il s'**y** rend souvent.

e. Brigitte et Michel ont dit à Annie et Lucien que c'est à **eux** de venir, cette fois.

f. Le président est allé voir l'artiste dans sa loge et **l'**a félicité.

g. « Je ne **lui** parle plus » dit Alice à sa sœur en montrant Marie.

h. Paul dit à Daniel : « Si **tu** sors, préviens-moi. »

i. J'ai fait un beau voyage l'été dernier ; j'**y** repense souvent.

j. Prends un morceau de tarte, mais laisses-**en** un peu aux autres.

**133** Recopie les phrases ci-dessous. Souligne chaque pronom personnel rencontré, puis indique s'il est sujet ou complément.

**a.** On écoute avec attention.
**b.** Je t'envoie tous mes vœux pour la nouvelle année ; écris-moi.
**c.** Il lui témoigne beaucoup d'affection.
**d.** L'écureuil amasse des réserves de nourriture et les conserve à l'abri.
**e.** Vous vous laverez sitôt levés.
**f.** Ils observent le danseur et l'imitent.
**g.** J'aime ces fleurs rouges ; j'en planterai dans mon jardin.
**h.** Sophie dit à Alexandre : « Tu n'oublieras pas de demander à tes parents s'ils veulent que je leur apporte quelque chose. »
**i.** Nos camarades nous ont prêté des disques compacts ; nous les leur rendrons samedi.
**j.** Cette voiture nous coûte cher.

**134** Indique si **leur** est adjectif possessif ou pronom personnel.

**a.** Patrick connaît leur numéro de téléphone.
**b.** Nous leur dirons de passer nous voir.
**c.** Ils se sont montrés désagréables, mais je ne leur en veux pas.
**d.** C'est pour leur maison de campagne qu'ils partent samedi.
**e.** Apprends-leur la politesse.

**135** Indique si **le**, **la**, **les** ou **l'**est article défini ou pronom personnel.

**a.** Dans l'immense salle, les voix résonnaient.
**b.** Le joueur de tennis lança la balle au-dessus de lui et la frappa.
**c.** Où habite-t-il ? Nous l'ignorons.
**d.** L'ordinateur est en panne ; il faudra le faire réparer.
**e.** Tes chaussures sont poussiéreuses ; brosse-les.

**136** Recopie les phrases ci-dessous. Souligne en rouge les noms (ou les groupes nominaux) que remplacent les pronoms possessifs en gras.

**a.** Je sais ma leçon ; as-tu appris **la tienne** ?
**b.** Nos rideaux sont plus clairs que **les vôtres**.
**c.** Ces skis sont à toi ; **les miens** sont rangés dans leur casier.
**d.** Comme mes voisins, j'ai un cerisier dans le jardin ; mais **le leur** est plus gros.
**e.** Le bateau de Jérémy est plus rapide que **le tien**.

**137** Indique si le mot en gras est un adjectif possessif ou un pronom possessif.

    **a.** Peut-être avez-vous rencontré **leur** grand frère ?

    **b.** Ces outils ne sont pas à nous ; ce sont **les leurs**.

    **c.** **Notre** séjour à la montagne fut enchanteur.

    **d.** Si tu n'as pas de tondeuse, tu peux te servir de **la nôtre**.

    **e.** C'est **votre** chien qui aboie sans cesse.

**138** Recopie les phrases ci-dessous. Souligne en rouge les noms (ou les groupes nominaux) que remplacent les pronoms démonstratifs en gras.

    **a.** Cette exposition de peinture est plus importante que **celle** que nous avons visitée le mois dernier.

    **b.** Les gens dans la misère ne sont pas **ceux** qui se plaignent le plus.

    **c.** Cette haie est plus gaie que **celle-ci**.

    **d.** Les exercices de Marie sont justes ; **ceux** de Pascal comportent des erreurs.

    **e.** Sylvie a égaré ses craies ; elle emprunte **celles** de Stéphanie.

**139** Recopie les phrases ci-dessous. Souligne en rouge les noms (ou pronoms) que remplacent les pronoms relatifs en gras.

    **a.** J'ai revendu la voiture **que** j'avais achetée l'an dernier.

    **b.** Décris-moi l'endroit **où** tu as passé tes vacances.

    **c.** Quand il arrivera, c'est moi **qui** le recevrai.

    **d.** Je ne connais pas la personne **dont** tu me parles.

    **e.** Ouvre le cahier rouge dans **lequel** tu trouveras la correction.

    **f.** On a lessivé les murs **que** l'on doit repeindre.

    **g.** Le nom du pays **auquel** je pense commence par un E.

    **h.** Mon voyage en Inde est celui **que** j'ai préféré.

    **i.** Pascal a acheté une raquette avec **laquelle** il s'entraîne sérieusement.

    **j.** Le film **dont** tu me racontes l'histoire est effrayant.

**140** Recopie les phrases ci-dessous. Souligne les pronoms et indique leur nature.

    **a.** Il lit l'écran sur lequel il travaille.

    **b.** Ma chanson est plus tendre que la tienne.

    **c.** Les nuits où nous aimons nous promener sont celles de pleine lune.

    **d.** Le soir, je lis des histoires ; elles me font ensuite rêver.

    **e.** Nous allons décorer le sapin que nous avons acheté.

    **f.** Le crocodile guette l'antilope qui vient boire à la rivière.

    **g.** Parmi les chiens de traîneaux, le chef est celui qui se trouve devant.

    **h.** Les marins quittaient ce beau pays, mais ils ne l'oublieraient pas.

**L'exercice suivant est corrigé à la page 190.**

**141** Dans la recette suivante, indique si **le**, **la**, **les** ou **l'** sont des articles définis ou des pronoms personnels.

Versez la farine dans le saladier. Mélangez-la avec le sucre et le lait. Cassez les œufs. Battez bien les ingrédients. Ajoutez les fruits. Remplissez le moule beurré du mélange obtenu et mettez-le dans le four pendant 40 minutes. Ne démoulez pas le gâteau.

# la préposition ■

Les prépositions sont des mots invariables; elles introduisent un mot (ou un groupe de mots) complément de construction indirecte.

Ex.     Paul lance une boule de neige. Nous rentrerons après lundi.

          <u>C. de nom</u>                                    <u>C. C. temps</u>

**142** Relève la préposition et donne le contraire des expressions suivantes.

**a.** Avant le dîner      **c.** Près de l'arbre      **e.** Sous le lit
**b.** Avec joie          **d.** Au-dessous du fil    **f.** Dans la maison

**143** Recopie les phrases suivantes et souligne les prépositions.

**a.** Maman prépare une excellente tarte à la crème.
**b.** Céline ira passer ses vacances chez sa grand-mère.
**c.** Il est absent depuis samedi.
**d.** La neige tombe doucement sur le village.
**e.** Ne t'appuie pas contre ce mur !

**144** Recopie uniquement les prépositions.

dans – chez – parmi – la – après – cet – on – en – vrai – lion– et – sur – avant.

**145** Indique le sens des prépositions dans les expressions suivantes.
Ex. une assiette de porcelaine : faite en porcelaine.

**a.** Une tasse à café      **c.** Une tasse de café    **e.** Des gants de cuir
**b.** Un moteur à essence   **d.** Un jus de fruits     **f.** Une corbeille à fruits

**146** Recopie les phrases suivantes. Entoure les prépositions et les compléments de nom, puis souligne le nom complété.

Ex.   Je mange une <u>tarte</u> | aux fraises. |

**a.** J'ai perdu mon bracelet en argent.
**b.** Il a bu deux verres d'eau.
**c.** Gilbert fait des photos en noir et blanc.
**d.** Un meuble en merisier coûte cher.
**e.** Cet artisan pratique la peinture sur soie.
**f.** Pierre porte une chemise à pois.
**g.** Mes chaussures de randonnée sont pleines de boue.

**147** Recopie les phrases ci-dessous. Souligne les prépositions et le complément qu'elles introduisent, et indique s'il s'agit du temps, du lieu, de la manière ou de l'objet.

Ex.    Mon oncle part à la pêche.
                          **C. C. lieu**

**a.** J'ai pris l'avion pour la Corse.

**b.** Sébastien a répondu avec méchanceté.

**c.** Les chats ont des petites pelotes sous les pattes.

**d.** Nous serons rentrés à minuit.

**e.** Rentre chez toi.

**f.** Anne rêve souvent de voyages lointains.

**g.** Parle sans crainte.

**148** Recopie les phrases où **des** est une préposition.

Ex.    Je reviens **des** courses. (des = de les)

**a.** À Noël, on m'a offert l'album des animaux en voie de disparition.

**b.** Sur la plage, des baleines étaient venues s'échouer.

**c.** Le chien des voisins est hargneux.

**d.** Nous avons acheté des rideaux neufs.

**149** Recopie le texte suivant en soulignant les prépositions.

L'huîtrier-pie niche aussi bien sur les pelouses que sur le sable, entre les galets d'une grève ou même dans une cuvette rocheuse ; la femelle pond généralement trois œufs dans une coupe garnie de débris de coquilles. Cette espèce est connue en Bretagne depuis un siècle. Son plumage blanc et noir rappelle celui de la pie et son bec rouge mesure environ quarante centimètres.

### P O U R   A L L E R   P L U S   L O I N

Les prépositions formées de plusieurs mots s'appellent des locutions prépositives.
Ex.        Il est parti vivre loin de ses parents.

**150** Recopie les phrases suivantes et souligne les locutions prépositives.

**a.** Le froid gagnera tout le pays, d'après le service de météorologie.

**b.** Les gendarmes mirent un véhicule en travers de la route.

**c.** Il deviendra bon élève à force de travailler.

**d.** L'enquête a été réalisée auprès de mille personnes.

**e.** Nous irons nous promener du côté du vieux château.

# l'adverbe ■

L'adverbe est un mot invariable qui modifie le sens :
– soit d'un verbe (Papa marche **vite**) ;
– soit d'un adjectif qualificatif (Sophie est **très** belle) ;
– soit d'un autre adverbe (Cette voiture roule **plutôt** vite).

**151** Recopie les phrases suivantes. Souligne en bleu les adverbes et en rouge les verbes qu'ils modifient.

   **a.** Thomas rit souvent.
   **b.** Christophe Colomb n'a pas réellement découvert l'Amérique.
   **c.** Bayard combattait bravement tous ses ennemis.
   **d.** J'ai assez mangé ; je n'en veux pas davantage.
   **e.** Soudain, le défenseur surgit puis tira.

**152** Recopie les phrases suivantes. Souligne en bleu les adverbes et en rouge les adjectifs qualificatifs qu'ils modifient.

   **a.** Cet article est très cher.
   **b.** Le ski est un sport plutôt difficile.
   **c.** Mon petit déjeuner me paraît trop chaud.
   **d.** En montant doucement, l'effort se faisait moins violent.
   **e.** À cause des pluies, la rivière était presque infranchissable.

**153** Recopie les phrases suivantes. Souligne en bleu les adverbes et en rouge les adverbes qu'ils modifient.

   **a.** Les alpinistes atteignirent très tard le sommet à cause du mauvais temps.
   **b.** Cet athlète court extraordinairement vite.
   **c.** Lucie mange trop peu ; elle risque de tomber malade.
   **d.** Mes parents vont au cinéma assez fréquemment.
   **e.** Émeric chante vraiment bien.

**154** Recopie les phrases suivantes. Souligne en bleu les adverbes de négation et en rouge les verbes modifiés.

   **a.** Nous n'achèterons rien au Salon des Arts et Métiers.
   **b.** Félix n'aime plus nager en piscine.
   **c.** Dimanche, vous n'aurez guère le temps d'aller les voir.
   **d.** Il n'a nullement l'intention de s'excuser.
   **e.** Théo n'aura jamais le dernier mot avec son frère Philippe.

**155** Classe les adverbes suivants selon leur sens (lieu, temps, manière, quantité, etc.).

lentement – autrefois – là – toujours – peu – très – loin – froidement – dehors – après – ensemble – cruellement – mal – ici – partout – plutôt – souvent – gentiment – bientôt.

**156** Recopie les phrases suivantes et souligne les adverbes interrogatifs.

**a.** Où court-il si vite ?
**b.** Pendant les vacances, quand nous rejoindras-tu ?
**c.** Combien coûte ce magnétoscope ?
**d.** Maman s'inquiète ; elle ne sait pas pourquoi bébé pleure.
**e.** Comment se rendre à la réunion sans voiture ?

**157** Recopie uniquement les adverbes.

absolument – vêtement – goulûment – brillamment – voracement – éloignement – chargement – activement – volontairement – empêchement.

Certains mots peuvent être employés soit comme adjectifs qualificatifs, soit comme adverbes. On peut utiliser un autre adjectif ou un autre adverbe pour reconnaître la classe à laquelle ces mots appartiennent.

Ex.  Il parle **fort**. Cet homme est **fort**.
           adverbe                    adjectif

**158** Écris sous chaque mot en gras s'il s'agit d'un adjectif qualificatif ou d'un adverbe.

**a.** L'exercice de Cédric est **faux**.
**b.** Mon cousin Alexandre chante **faux**.
**c.** Ce **gros** homme devrait faire un régime.
**d.** « Le Loto peut rapporter **gros** ! »
**e.** Le trait que tu as tiré n'est pas **droit**.
**f.** Maman dit toujours à Paul : « Tiens-toi **droit** ! »

# synthèse 2 ■

**159** Recopie les phrases ci-dessous et souligne un mot de chaque catégorie demandée.

**a.** ▌ *Un déterminant possessif – un pronom personnel.*
Pendant ton absence, je répondrai au téléphone.

**b.** ▌ *Un déterminant article – un adjectif qualificatif.*
Cette éclipse partielle a voilé le Soleil.

**c.** ▌ *Un verbe – un nom propre.*
Bastia est l'une des deux principales villes de la Corse.

**d.** ▌ *Un nom commun et féminin – un adverbe.*
Le matin, notre terrasse est très ensoleillée.

**e.** ▌ *Un pronom personnel – une préposition.*
Pascal me demande de lui acheter un carnet de timbres.

**f.** ▌ *Un verbe – une préposition.*
Ces populations vivaient de l'agriculture et de l'artisanat.

**160** Recopie les phrases suivantes. Souligne les noms et définis-les comme dans l'exemple.
Ex. lunettes : nom commun, féminin, pluriel.

**a.** Ces lunettes me cachent la moitié du visage.
**b.** La Birmanie est un pays où le tourisme commence à se développer.
**c.** Dans ce manuel, la découverte des notions nouvelles se fait par des jeux.
**d.** Les Écossais ont facilement gagné la rencontre.

**161** Dans le texte suivant, relève :
– un nom propre ;
– le quatrième nom commun féminin singulier ;
– le premier nom commun masculin singulier ;
– le deuxième nom commun féminin pluriel.

La course se déroule sur un magnifique circuit de dix kilomètres qui passe dans les rues de Paimpol. Deux côtes et un passage sur la plage agrémentent le parcours. Chaque arrivant reçoit un tee-shirt. L'épreuve est appréciée des coureurs pour son ambiance sympathique.

**162** Dans les phrases ci-dessous :
- relève tous les verbes conjugués et donne leur infinitif ;
- relève le verbe au participe présent et donne son infinitif ;
- relève les verbes à l'infinitif.

Les goélands d'ici partageaient sa façon de penser. Pour chacun d'eux, l'important était de voler et d'atteindre la perfection dans ce qu'ils aimaient le plus : voler. Ils étaient tous de magnifiques oiseaux et, heure par heure, chaque jour, ils s'exerçaient aux techniques aériennes les plus avancées. Longtemps Jonathan oublia le monde d'où il était venu, où les siens vivaient, aveugles aux joies du vol, ne se servant de leurs ailes qu'aux fins de trouver et de se disputer la nourriture. Puis, un jour, les souvenirs remontèrent un court instant à sa mémoire.

R. Bach, Jonathan Livingstone le Goéland, traducteur : P. Clostermann, Flammarion.

**163** Dans le texte ci-dessous, relève les participes passés et indique à partir de quel verbe à l'infinitif ils sont formés.

Une fois le projet de voyage établi, les navigateurs vikings restaient dépendants du vent ; il fallait souvent attendre des semaines qu'il soit devenu favorable. Quelquefois, le voyage lui-même était interrompu par une période de calme plat. Il arrivait également que, déroutés par des vents contraires, les Vikings s'égarent et aboutissent très loin du but fixé, ce qui permit d'ailleurs, par hasard, la découverte de terres nouvelles.

D'après Y. Cohat, Les Vikings, rois des mers, Gallimard, coll. « Découverte Gallimard ».

**164** Recopie les phrases ci-dessous. Sous chaque mot en gras, indique la catégorie à laquelle il appartient.

**a.** En hiver, on **taille** les arbres **fruitiers**.
**b.** Cette **taille** soignée permettra d'obtenir de beaux **fruits**.
**c.** L'**employé** a confié le dossier à son **supérieur**.
**d.** La nouvelle méthode **employée** a donné un rendement **supérieur**.
**e.** Je ne voyagerai pas en **car**, **car** je préfère le train.
**f.** La **principale** du collège reçoit les parents dans la **salle** de réunion.
**g.** La **principale** raison de son échec tient à son **manque** de préparation.
**h.** Il **manque** le **verre** de ta **montre**.
**i.** Alexandra te **montre** son nouveau **guide vert** du jardinage.
**j.** Le maître d'hôtel **guide** le groupe de touristes **vers** les places qui leur sont réservées.

**165** Recopie les phrases ci-dessous. Indique sous chaque mot en gras s'il s'agit d'un déterminant ou d'un pronom.

   **a.** Alain **leur** recommande de nettoyer rapidement **leurs** vélos.

   **b.** J'emprunte ton ballon ; je te **le** rendrai **cet** après-midi.

   **c.** **La** famille Fourtic découvre **la** région Midi-Pyrénées et **elle** l'apprécie énormément.

   **d.** Le directeur du personnel réunit **les** employés pour **leur** proposer des horaires aménagés. **Ceux-ci** seraient effectifs dès le mois prochain.

   **e.** **Ce** jeu était vraiment **ce** qu'ils préféraient.

   **f.** **Ce** vélo n'est pas le **sien**. C'est **celui** de Fabiola.

   **g.** **Quelques** personnes l'avaient prévenu : il **les** a ignorées, tant pis pour **lui** !

   **h.** Le déménageur soulève **la** caisse, **l'**emporte, puis **la** dépose avec précaution dans **le** camion.

**166** Remplace chaque groupe nominal en gras par le pronom qui convient, de façon à éviter les répétitions.

   **a.** Je ne peux pas regarder l'émission, alors j'enregistre **l'émission**.

   **b.** Je me suis trompé de blouson ; j'ai pris **ton blouson**.

   **c.** Nous n'apprécions pas ce tableau-ci, mais nous aimons bien ce **tableau-là**.

   **d.** Nous avons beaucoup apprécié ce village de vacances, alors nous retournerons **dans ce village de vacances** l'an prochain.

   **e.** Damien découpe des images et colle **les images** afin d'illustrer son cahier d'histoire.

   **f.** J'adore ton gâteau de riz, alors je reprends de **ton gâteau de riz**.

**167** Recopie les phrases ci-dessous, précise la nature de chaque pronom en gras et indique quel groupe nominal il remplace.

Ex. Cette maison est plus grande que **la vôtre**.

**pr. possessif = votre maison**

    **a.** Tes plantations ont mieux réussi que **les miennes**.

    **b.** Je ne connais pas le film **dont** tu me parles.

    **c.** Virginie imagine toujours qu'**elle** est seule au monde !

    **d.** En détaillant l'état de ces voitures, notamment de **celle-ci**, vous comprenez bien que nous préférons garder **la nôtre**.

    **e.** Mes parents ont remplacé la moquette **que** la fuite d'eau avait dégradée.

    **f.** Tu reclasseras les documents sur **lesquels** nous travaillons.

    **g.** Parmi ces disques, Benjamin et Loïc garderont **ceux** qu'**ils** préfèrent.

    **h.** Edwige et Cathy disent à Mélissa : « Téléphone à Jennifer, demande-**lui** de **te** rendre tes cassettes et redonne-**nous les nôtres**. »

**168** Recopie le texte ci-dessous et souligne les prépositions.

Dans le car de ramassage scolaire, les enfants n'arrêtent pas de parler. Claudine est montée sans un mot. Elle est allée s'installer à l'arrière, sur la dernière banquette. Elle a collé son visage à la vitre. Elle est furieuse contre Béatrice. Elle voudrait repartir pour la campagne, avec ses parents et son chien, quitter cette banlieue où elle n'est qu'un visage parmi d'autres.

# III – Identifier les fonctions dans la phrase

# le sujet du verbe ▪

On identifie le sujet du verbe en posant la question « qui est-ce qui ? » ou
« qu'est-ce qui ? » avant le verbe.
Le sujet du verbe peut être un nom, un groupe du nom, un pronom, un infinitif ou
toute une proposition.

Ex.    Aurélien rappelle son chien. (Le sujet est un nom.)
       ‾‾S‾‾‾‾  ‾‾V‾‾

       S'asseoir était interdit. (Le sujet est un infinitif.)
       ‾‾S‾‾‾  ‾V‾

       La ville où je suis né se trouve en Picardie. (Le sujet est une proposition.)
       ‾‾‾‾‾‾S‾‾‾‾‾‾‾‾‾  ‾se trouve‾

**169** Relève le sujet du verbe dans chacune des phrases suivantes.

  **a.** Les étoiles brillent dans le ciel limpide.
  **b.** Ce matin, un accident a eu lieu au coin de notre rue.
  **c.** Pierre et Vanessa passeront nous voir cet après-midi.
  **d.** Comme d'habitude, il est en retard !
  **e.** Nous la lui rendrons demain matin au plus tard.
  **f.** En raison de son attitude conciliante, le tribunal ne l'a condamné qu'à une faible amende.
  **g.** Dans quelques années, on en reparlera.
  **h.** Pour cette épreuve, tous les meilleurs coureurs départementaux seront présents.
  **i.** Dans la cocotte mijote un ragoût odorant.

**170** Même exercice.

  **a.** Évidemment, à la suite de leur accident, Thomas et son frère aîné sont dispensés de sport.
  **b.** Comme annoncé à la radio, le match a débuté à 20 heures précises.
  **c.** À l'issue du concours, les cinq premiers recevront dix livres à choisir dans le catalogue.
  **d.** Le dernier bulletin météorologique n'est pas très optimiste pour demain.
  **e.** Dans chaque fissure de ce mur se cache un lézard.
  **f.** Jusqu'aux bouches volcaniques, par des failles de l'écorce terrestre remonte le magma.
  **g.** Sans aucun doute, on lui pardonnerait volontiers !
  **h.** Pour quelle raison encore mystérieuse disparurent les dinosaures ?
  **i.** Rester à table des heures me semble insupportable.

**171** Dans les phrases suivantes, relève chaque verbe conjugué avec son sujet.
Ex. Nous partirons très tôt, car la route est longue.

partirons : nous – est : la route

**a.** Nous prendrons la route à 8 heures et devrions arriver vers 11 heures.
**b.** Dans une semaine se termineront les vacances et nous devrons rentrer.
**c.** Massés autour du bassin du jardin public, les jeunes enfants ne quittaient pas des yeux les poissons rouges.
**d.** Papa et maman inspectaient la cuisine, Valentine courait dans les étages, Pierre arpentait le jardin, chacun était à la joie de la découverte de la nouvelle maison.
**e.** Ils couraient, sautaient, se bousculaient et rien ne semblait pouvoir les arrêter.

**172** Même exercice.

**a.** Les tables étaient dressées à l'ombre des acacias et présentaient un buffet varié et copieux.
**b.** Un coche d'eau glisse sur le canal où se reflètent les vieilles maisons à colombages.
**c.** Le sous-préfet, le commandant de gendarmerie et le capitaine des pompiers attendaient.
**d.** Un journal quotidien présente les dernières informations et les commente.
**e.** Les raisons que vous me donnez sont bonnes.

**173** Même exercice.

    **a.** Les grands voiliers viraient, louvoyaient, luttaient bord à bord et offraient un spectacle qui réjouissait les milliers de spectateurs postés sur les falaises.

    **b.** La composition de l'équipe de France de rugby sera annoncée cet après-midi par le sélectionneur national.

    **c.** Les fleurs, les légumes, les arbres fruitiers, tout était magnifiquement ordonné.

    **d.** Les feuilles, poussées par le vent du nord, tourbillonnent au-dessus du chemin.

    **e.** De la cuisine se dégage une senteur de thym qui parfume toute la maison.

**174** Même exercice.

    **a.** Benoît maniait avec dextérité la manette de sa console de jeux et de petits personnages, visiblement équipés de chaussures à ressorts, bataillaient sur l'écran.

    **b.** Le champion a participé à la première édition de cette nouvelle épreuve et l'a facilement gagnée.

    **c.** Ses yeux verts, où brillait une lueur malicieuse, lui donnaient, malgré ses cheveux grisonnants, un air d'adolescent.

    **d.** Pierre Saulis, le rapide attaquant toulousain, parti de sa moitié de terrain, prend de vitesse le défenseur adverse et, tranquillement, va tromper le gardien de but.

    **e.** Le livre que je lis est de Michel Tournier.

# le complément d'objet direct ■

Le complément d'objet direct (COD) est un mot ou un groupe de mots qui désigne la personne, l'animal ou la chose sur lequel s'exerce l'action exprimée par le verbe.

Ex.     Le chat capture une souris.

    sujet :          COD :
  fait l'action      subit l'action

On peut identifier le COD du verbe en posant la question « qui ? » ou « quoi ? » après le verbe.

Ex.     Je n'ai pas compris ce problème.
        Je n'ai pas compris (quoi ?) ce problème.

**175** Recopie les phrases ci-dessous, puis souligne le COD.

Ex. Émilie prépare un gâteau au chocolat.

    **a.** Ce joueur a marqué un joli but.

    **b.** Nous envoyons une lettre à nos parents.

    **c.** L'architecte nous apporte les plans de la maison.

    **d.** Pendant les vacances, nos voisins ramasseront notre courrier.

    **e.** Dimanche, sur le marché, j'ai rencontré un ancien camarade de classe.

**176** Même exercice.

    **a.** Avant le concert, les musiciens accordent leurs instruments.

    **b.** Les jardiniers plantent des tulipes devant la mairie.

    **c.** À travers les vitres du bus, les enfants observent le paysage.

    **d.** Ce pâtissier réalise le meilleur gâteau au chocolat de la région.

    **e.** Ce livre nous apporte une multitude d'informations.

**177** Même exercice.

  **a.** Mon oncle et ma tante m'ont offert un vélo tout terrain.
  **b.** Manges-tu une pomme ?
  **c.** Avant de commencer à jouer, Jérémy doit insérer une disquette dans l'ordinateur.
  **d.** L'expédition de Magellan découvrit le détroit qui porte son nom en 1520.
  **e.** Ignoriez-vous la vérité dans cette regrettable affaire ?

**178** Recopie les phrases ci-dessous et souligne le ou les COD. (Attention, toutes les phrases ne contiennent pas obligatoirement un COD !)

  **a.** Nous installons un lecteur de CD-ROM sur notre ordinateur.
  **b.** Le vendeur m'a proposé la reprise de notre ancienne voiture.
  **c.** La pie sautait de branche en branche.
  **d.** Le marin enfila son ciré, ajusta sa casquette et sortit sur le pont.
  **e.** Le sentier s'enfonçait dans la forêt, et son tracé devenait incertain.

**179** Même exercice.

  **a.** Nous ouvrons notre livre à la première page.
  **b.** Monsieur Mauduit ne joue au Loto que le samedi.
  **c.** Tu écoutes toujours le même disque !
  **d.** Échangerais-tu ton bracelet avec le mien ?
  **e.** Sur la piste, les voitures tournaient depuis plus d'une heure.

**180** Même exercice.

  **a.** Les sauveteurs abandonnent les recherches et redescendent dans la vallée.
  **b.** J'ai rencontré Alain en Italie alors que je visitais Florence.
  **c.** Des centaines de phoques avaient envahi la grève et dormaient au soleil.
  **d.** La prochaine édition de cette foire à la brocante aura lieu en automne .
  **e.** Au carrefour, vous continuerez tout droit jusqu'à un calvaire.

**181** Recopie les phrases ci-dessous. Indique si les groupes en gras sont sujet ou COD du verbe. Vérifie ton travail en entourant chaque groupe sujet par « c'est… qui » et chaque groupe COD par « c'est… que ».

  **a.** Sur la branche se pose **un oiseau**.
  **b.** Marie mange **une pomme** chaque matin.
  **c.** Dans cette boîte, je rangerai **mes crayons de couleur**.
  **d.** Avec grâce, sur la glace luisante, se déplace **un patineur**.
  **e.** Samedi prochain, on fêtera **ton anniversaire**.

On ne peut trouver un COD qu'après un verbe d'action, jamais après un verbe d'état.
Les principaux verbes d'état sont: être, paraître, sembler, devenir, demeurer…

**182** Recopie les phrases ci-dessous, puis souligne les COD. (Attention, toutes les phrases ne contiennent pas obligatoirement un COD!)

   **a.** Cette proposition me semble intéressante, et je te donnerai ma réponse dès demain.
   **b.** César est un célèbre sculpteur; il expose ses dernières œuvres dans une galerie toulousaine de mars à juin.
   **c.** Dans ce livre, la table des matières est un peu confuse.
   **d.** L'équipe suédoise a facilement gagné sa demi-finale et paraît imbattable.
   **e.** Économiser les ressources de la nature par le recyclage des matières premières est une priorité pour l'avenir.

**183** Même exercice.

   **a.** Dans les années à venir, cette région deviendra un parc naturel.
   **b.** Sur la vallée endormie, doucement tombe la neige.
   **c.** Vous obtiendrez tous les documents nécessaires en écrivant à « la maison de l'Ardèche ».
   **d.** Après la réunion, on aérera la salle, car elle semble enfumée.
   **e.** Lequel d'entre vous est capitaine de l'équipe?

Le COD est souvent un nom ou un groupe du nom, mais ce peut être aussi:
– un pronom personnel (le, la, les, l', te, nous…);
Ex.      Je termine <u>ma lettre</u> puis je <u>la</u> relis attentivement.
                    COD                    COD
– un verbe à l'infinitif (ex: il aime marcher);
– toute une proposition.
Ex.      Raphaël estime <u>qu'il est trop tard</u>.
                         COD

**184** Recopie les phrases ci-dessous, puis souligne les COD.

   **a.** Je n'aime pas la bousculade, alors je préfère attendre ici.
   **b.** Caroline brosse ses chaussures, puis les cire.
   **c.** Cette carte postale mériterait d'être encadrée.
   **d.** Les experts pensent que la catastrophe aurait pu être évitée.
   **e.** Nous t'accompagnerions volontiers si nous avions nos vélos.

**185** Recopie les phrases ci-dessous, puis souligne les COD. Modifie ensuite les phrases selon le modèle donné et souligne le pronom personnel COD.
Ex. Nous prendrons la photo une fois arrivés au sommet.
    La photo, nous la prendrons une fois arrivés au sommet.

**a.** Nous écouterons ce disque plus tard.
**b.** Mon petit frère collectionne les autocollants.
**c.** Thomas et Morgane découvrent la Crète avec plaisir.
**d.** Les élèves vendent ce tee-shirt au nom de l'école pour financer leur voyage.
**e.** Vous aurez la réponse dans le document de la semaine prochaine.

**186** Même exercice.

**a.** Anthony prépare son sac de sport avant le tournoi de samedi.
**b.** Valérie range sa chambre avant le retour de maman.
**c.** Une fois tous les quinze jours, monsieur Hervé tond sa pelouse.
**d.** Dans un vieux livre, Séverine a recopié ces précieux renseignements.
**e.** Dès le début du spectacle, le public acclama le chanteur.

### POUR ALLER PLUS LOIN

**187** Classe les débuts de phrases ci-dessous en trois catégories :
    – celle où tu peux ajouter un COD derrière le verbe ;
    – celle où tu dois ajouter un COD derrière le verbe ;
    – celle où il est impossible d'ajouter un COD.

**a.** Sur le chemin de la piscine, Daniel a trouvé…
**b.** Durant l'entracte, les spectateurs parlent…
**c.** Comme il a faim, Vincent mange…
**d.** Après leur excursion, les touristes se lavent…
**e.** Nous avons beaucoup de chance, car l'itinéraire offre…
**f.** Dans le bus qui les ramène de la piscine, les enfants s'endorment…
**g.** Avec son bras tendu, le gardien nous indique…
**h.** Bien installés dans la salle de conférence, les délégués écoutaient…

Le complément d'objet indirect (COI) est toujours introduit par les prépositions « à » ou « de ». On peut identifier le COI en posant les questions : à qui ? à quoi ? de qui ? de quoi ? après le verbe.

Ex.      Laura repensait à son merveilleux voyage.

              à quoi ? COI

      Je lui propose mes services.

      à qui ?

**188** Recopie les phrases ci-dessous, puis souligne les compléments d'objet. Indique s'il s'agit de COD ou de COI.

    **a.** Baptiste parle souvent de son grand-père.

    **b.** En visitant la cathédrale, Mélanie pensait aux ouvriers qui avaient construit cet admirable édifice.

    **c.** L'entraîneur se plaint de la lenteur de ses joueurs.

    **d.** Je t'emprunte un stylo et je te le rendrai à la fin du contrôle.

    **e.** Le facteur nous a indiqué un bon restaurant à la sortie du village.

**189** Même exercice.

    **a.** Les yeux plissés, le capitaine du navire réfléchissait à la manœuvre.

    **b.** Pour Noël, Bastien et Ophélie ont adressé une jolie carte postale à leurs grands-parents.

    **c.** Puisque vous adorez le chocolat, je penserai à vous en revenant de Belgique.

    **d.** Je m'étonne de ton manque de sérieux et je te le fais remarquer.

    **e.** Les élèves préparent un dossier sur le loup et le rendront au professeur la semaine prochaine.

# les compléments circonstanciels ■

Les compléments circonstanciels nous renseignent sur les circonstances de l'action.

Ex.         Chaque mercredi, Marc emmène sa sœur à la patinoire.
            _____                           _____
            quand?                                où?

Les principaux compléments circonstanciels précisent le lieu (CC de lieu), le moment ou la durée (CC de temps), la manière (CC de manière).

Les compléments circonstanciels (nom, adverbe, proposition...) peuvent généralement être déplacés ou supprimés.

**190** Recopie les phrases ci-dessous, puis souligne en rouge les compléments circonstanciels.

   **a.** Le soir, les concurrents dressent le camp dans une clairière.
   **b.** Il a fait beau tout l'été.
   **c.** Chaque semaine, le vendredi après-midi, le professeur d'éducation physique nous emmène à la piscine.
   **d.** En été, le soleil se couche tard.
   **e.** Sylvie joue au basket-ball avec beaucoup de plaisir.

**191** Même exercice.

   **a.** Le cirque a planté son chapiteau sur la place du marché.
   **b.** Le voleur s'est introduit dans la maison.
   **c.** Tous les soirs, je regarde avec attention la météorologie à la télévision.
   **d.** Samuel dessine très méticuleusement.
   **e.** Ma sœur a caché les clés sous le paillasson.

**192** Recopie les phrases ci-dessous, souligne les compléments circonstanciels et indique la circonstance de l'action exprimée: compléments circonstanciels de lieu, compléments circonstanciels de temps, compléments circonstanciels de manière.

   **a.** Vercingétorix s'est rendu à Jules César sur le site d'Alésia, en 52 avant Jésus-Christ.
   **b.** Marie et Olivia ont préparé avec soin leur exposé.
   **c.** Dans la cour, les élèves crient à tue-tête.
   **d.** Nous avons déjeuné rapidement, puis nous sommes allés à l'école.
   **e.** Papa ramasse des champignons avec délicatesse, dans la forêt.

**193** Même exercice.

   **a.** Notre voisin a repeint le plafond de sa salle à manger pendant les vacances.

   **b.** Il a travaillé avec ardeur.

   **c.** Cédric traverse le carrefour avec précaution.

   **d.** Le maître lit à haute voix ; Marion l'écoute attentivement.

   **e.** À 10 h 20 retentit la sonnerie de la récréation.

**194** Ajoute des compléments circonstanciels répondant aux questions entre parenthèses. Souligne-les et indique leur nature.

   **a.** Le lion dort… (comment ?)

   **b.** Les voyageurs montent… (où ?)

   **c.** La pluie tombe… (comment ?)

   **d.** Les piétons se bousculent… (où ?)

   **e.** Mon père a planté un abricotier… (où ?)

**195** Même exercice.

   **a.** Nous apporterons un brin de muguet à la maîtresse… (quand ?)

   **b.** Le cargo arrive… (où ?) et se range le long du quai… (comment ?)

   **c.** Les livres sont classés… (où ?)

   **d.** Julien viendra nous rejoindre… (quand ?)

   **e.** … les hommes apprirent à maîtriser le feu (quand ?)

**196** Recopie les phrases ci-dessous. Souligne les compléments circonstanciels, puis récris les phrases en déplaçant les compléments.

   **a.** Il vaut mieux éviter cet endroit par mauvais temps.

   **b.** La Météorologie nationale nous fournit chaque matin ces renseignements très utiles.

   **c.** À l'approche de la nuit, vous prendrez garde à ne pas vous égarer.

   **d.** Ils installèrent le blessé avec d'infinies précautions.

   **e.** Le chauffeur s'est garé avec prudence le long du quai.

**197** Recopie le texte ci-dessous. Souligne les compléments circonstanciels et indique la circonstance.

Un bruit, soudain, fit tressaillir Jeanne. Elle leva les yeux ; un énorme oiseau s'envolait d'un trou : c'était un aigle. Ses ailes ouvertes semblaient chercher des deux parois du puits et il monta jusqu'à l'azur où il disparut.

G. de Maupassant, *Une vie.*

**198** Recopie les phrases ci-dessous. Souligne les compléments circonstanciels.

 **a.** Je veux rester ici.
 **b.** Je reviendrai quand vous voudrez.
 **c.** Demain, nous irons au théâtre.
 **d.** Nous vous écrirons dès que nous serons arrivés.
 **e.** J'y retourne immédiatement.

**199** Recopie le texte ci-dessous. Souligne les compléments circonstanciels et indique la circonstance.

Des martinets se poursuivaient autour des toits et des mésanges piaillaient dans le figuier. Le jour poussait le volet de toutes ses forces. Le voyageur se réveilla brusquement, sauta sur le sol, regarda vers la porte comme s'il craignait qu'elle ne s'ouvrit brutalement, parut se détendre et marcha vers la fenêtre. Il l'ouvrit d'un geste vif et rabattit le volet.

D'après J. Delval, *Un barrage dans la vallée*, Flammarion, «Castor-Poche».

**200** Écris des phrases correspondant à chacun des schémas suivants.

 **a.** Sujet – verbe – CC de temps.
 **b.** CC de temps – sujet – verbe – COD
 **c.** Sujet – verbe – CC de manière – COD
 **d.** CC de lieu – sujet – verbe – CC de temps
 **e.** CC de temps – CC de lieu – sujet – verbe – COD

## JE TRAVAILLE SEUL(E)

**Les deux exercices suivants sont corrigés à la page 189.**

**201** Recopie les phrases ci-dessous. Souligne les compléments circonstanciels et indique leur nature.

 **a.** Hier, Marie a brillamment été reçue à son examen.
 **b.** Dans le couloir, les élèves se sont rangés sans bruit.
 **c.** De la fenêtre de l'hôtel, on apercevait les bateaux qui rentraient au port.
 **d.** Alors que le jour baissait, les promeneurs regagnèrent leurs voitures.
 **e.** Quel étourdi ! Florian est parti à la piscine en pantoufles.

**202** Même exercice.

    **a.** Depuis deux siècles, cette région est pratiquement inhabitée.

    **b.** Je te laisse choisir : nous ferons comme tu voudras.

    **c.** Au sud-est de la Mauritanie, l'oasis de Oualata fut un important carrefour du Sahara durant huit siècles.

    **d.** Ce film dure près de trois heures, mais il est vraiment passionnant et le temps passe à toute vitesse !

    **e.** Ne visitez pas ce musée : j'en sors et je le trouve sans intérêt.

---

### POUR ALLER PLUS LOIN

Il existe beaucoup de compléments circonstanciels différents : CC de temps, CC de lieu, CC de manière, mais également :

– CC de cause (pourquoi ?) : Nous reviendrons en été, **car le temps sera plus chaud**.

– CC de moyen (avec quoi ?) : Il a réparé l'aspirateur **avec un simple fil de fer**.

– CC de but (dans quel but ?) : Nous passerons par le boulevard **pour éviter le centre-ville**.

– CC de prix (combien ?) : Ce croissant coûte **cinq francs**.

---

**203** Recopie les phrases ci-dessous. Souligne et nomme les différents compléments circonstanciels. (Attention, une phrase ne contient pas nécessairement de complément circonstanciel !)

    **a.** Ils marchaient la nuit pour éviter les grosses chaleurs.

    **b.** Cette voiture vaut moins de soixante mille francs.

    **c.** Les ornithologues attrapent ces oiseaux à l'aide de grands filets.

    **d.** César a vendu son vélo à son voisin.

    **e.** Mon père achète ce livre pour les débutants parce qu'il ne connaît vraiment rien à l'informatique.

    **f.** La prochaine fois, vous éviterez les excès de crème.

    **g.** Afin de ne pas vous perdre, emportez une carte et une boussole.

    **h.** Cathy a nettoyé ses chaussures avec mon tee-shirt neuf !

    **i.** Le vent se ruait sur la plaine avec fureur.

    **j.** En raison de la grève des transports, le match a été reporté.

# synthèse 3 ■

**204** Recopie les phrases suivantes. Encadre le verbe et souligne le sujet.

   **a.** La violette, la primevère, le coucou sont des fleurs de printemps.
   **b.** Derrière les créneaux serpentait le chemin de ronde.
   **c.** Autrefois, on savait se contenter de peu de chose.
   **d.** Dans les ornières, s'enfonçaient les roues de la voiture.
   **e.** La pièce de théâtre nous parut trop longue.
   **f.** Boire de l'eau est vital.
   **g.** Prendrez-vous un peu de repos ?
   **h.** La lionne et son lionceau folâtrent dans l'herbe haute.
   **i.** Dans l'âtre crépite un feu joyeux.
   **j.** Nous nous amusons alors que tu te couches.

**205** Même exercice. Donne la nature du sujet.

   **a.** De la rue nous arrivait une lumière blanche.
   **b.** La grande maison ocre, le jardin piqué de couleurs, l'allée bordée de platanes, tout semblait endormi.
   **c.** À l'orée de la forêt s'étale majestueusement l'ombre d'un chêne plusieurs fois centenaire.
   **d.** Les touristes visitaient le site historique que décrivait le dépliant.
   **e.** Voici les boucles d'oreilles que ma mère m'a achetées.
   **f.** Les alpinistes escaladent la paroi que réchauffe un soleil encore timide.
   **g.** Le match reprend et peu à peu s'élèvent des encouragements.
   **h.** Chaque soir, le roman que je lis me fait rêver.
   **i.** L'enfant embrasse ses parents et leur souhaite une bonne nuit.
   **j.** Les roseaux, que taquine le vent, plient mais ne rompent pas.

**206** Relève les verbes conjugués de ce texte, puis indique leur sujet et donne leur nature.

Je trouve que la peur et la joie ont le même goût. En me réveillant, ce matin-là, j'ai cru que mon cœur allait exploser de peur et de joie, comme si je m'apprêtais à partir pour une expédition sans retour. J'ai dû m'habiller de travers, car Loula m'a dit :
– Tu as une drôle de dégaine, ce matin !

C. Bernos, *Les Secrets de Cloche*, Zanzibar, Milan Presse.

**207**  Recopie les phrases ci-dessous et souligne le complément d'objet direct.

    **a.** Le facteur distribue le courrier dans les boîtes.
    **b.** N'oublie pas ton parapluie.
    **c.** Les alpinistes ont vu le pont de neige.
    **d.** Les chasseurs attendent le passage des canards sauvages.
    **e.** Au milieu du spectacle, les clowns jouèrent un air gai.
    **f.** L'ébéniste façonne un joli coffret.
    **g.** Il faut d'abord beurrer le moule.
    **h.** Hélène tricote une écharpe pour sa poupée.
    **i.** Pour notre pique-nique, j'apporterai des jus de fruits et de l'eau gazeuse.
    **j.** Le vautour a retrouvé la liberté.

**208**  Même exercice. Donne la nature du complément d'objet direct (nom, groupe nominal, proposition, pronom, infinitif…).

    **a.** La marmotte est sortie de son trou et le soleil la réchauffe.
    **b.** Le maraîcher a récolté ses salades et va les vendre sur le marché.
    **c.** L'as-tu rencontré ces jours-ci ?
    **d.** Bénédicte a rangé sa chambre et l'a balayée.
    **e.** L'obscurité nous a surpris alors que nous étions encore au bord de l'eau.
    **f.** Tes cousins t'ont annoncé qu'ils venaient.
    **g.** Pour réussir, il faut réfléchir.
    **h.** Pouvez-vous m'indiquer le chemin ?
    **i.** Il faut écouter l'opinion de chacun et la respecter.
    **j.** Cette fois, il nous faut absolument gagner.

**209** Relève dans les phrases suivantes les compléments circonstanciels et classe-les dans un tableau comme suit:

| CC lieu | CC temps | CC manière |
|---|---|---|
|  |  |  |

a. Le jardinier travaille dans le potager.
b. Après-demain, nous inviterons des amis.
c. Un temple est dressé au centre de la ville.
d. Mon médecin ne donne pas de consultation le samedi.
e. Le joueur de tennis lança la balle au-dessus de sa tête.
f. Il menait dans la première manche, avec une étonnante facilité.
g. Pendant plusieurs heures, les dockers ont travaillé sur les quais.
h. À la tombée de la nuit, la petite troupe se remit en route silencieusement.
i. Au Moyen Âge, les récoltes étaient saccagées quand les seigneurs chassaient le gibier.
j. En Norvège, la mer pénètre dans les terres, profondément.

**210** Même exercice. (Attention, certaines phrases peuvent ne pas contenir de compléments circonstanciels!)

a. Avec un hurlement sinistre, le vent soufflait sur la lande.
b. Daniel cherchait à comprendre.
c. Ils escaladaient inlassablement rocher après rocher.
d. En Corse, nous avons vu des cochons sauvages.
e. L'Inuit disposa des blocs de glace en cercle, autour de lui.
f. Il reprend la route de bonne heure.
g. En automne, les eaux de ce fleuve grossissent toujours dangereusement.
h. Viens me voir la semaine prochaine.
i. Les grues passaient en V dans le ciel.
j. L'avion décolla dans un bruit d'enfer.

**211** Recopie les phrases suivantes. Souligne les compléments circonstanciels et indique leur nature.

Ex. Hier, j'ai pris un bain de mer. (adverbe)

a. La nuit, tous les chats sont gris.
b. La foule arrivait dans la rue principale.
c. Quand nous serons grands, nous voyagerons.
d. Les enfants l'écoutaient avec une grande attention.
e. Ne m'attendez pas, je n'y serai pas.

**212** Dans le texte suivant, relève les compléments circonstanciels et indique la circonstance.

Chaque soir, à 6 heures, je sortais de l'école avec lui ; nous rentrions à la maison en parlant de nos travaux et nous achetions en chemin de petites choses oubliées… Nous nous arrêtions souvent chez le brocanteur, devenu notre ami. Là, j'entrais en pleine féerie, car j'avais maintenant la permission de fouiller partout.

M. Pagnol, *La Gloire de mon père*, Éd. B. de Fallois

**213** Recopie les phrases suivantes, relève les compléments d'objet direct et les compléments circonstanciels, et indique la circonstance. (Attention, certaines phrases peuvent ne pas contenir de complément !)

**a.** La Bretagne est un pays de terres sauvages.
**b.** Cécile travaille consciencieusement dans sa chambre.
**c.** Crois-tu ce qu'il dit ?
**d.** Actuellement, c'est la saison des pluies en Inde.
**e.** Je le reverrai demain.
**f.** Sur le mur de pierres se posent des oiseaux.
**g.** Nous craignons qu'il nous oublie.
**h.** L'osier est une matière agréable à travailler.
**i.** Pauline et son frère espèrent être qualifiés.
**j.** La rue est pleine de monde.

**214** Recopie le texte suivant, souligne en rouge les verbes avec leur sujet, en bleu les compléments d'objet direct et en vert les compléments circonstanciels, en indiquant la circonstance.

Sur le parking, alors que la nuit tombait, les techniciens et le chef de chantier discutaient avec animation. Assis sous un large tilleul, Mathieu observait la scène. Au bout d'un moment, il s'avança vers les hommes assemblés et les interpella.

# le complément de nom ■

Le complément de nom est un mot (ou un groupe de mots) qui complète le sens d'un nom.

Ex.        Un livre <u>de lecture</u> – La salle <u>à manger</u>.
                       CN                          CN

Le complément de nom peut être de construction directe.

Ex.        La tour Eiffel ; la rue Pasteur.

Il peut être de construction indirecte (introduit par une préposition).

Ex.        Un gâteau <u>aux pommes</u> ; un meuble <u>en bois</u>.

**215** Recopie les groupes nominaux ci-dessous. Souligne le complément de nom et entoure la préposition qui l'introduit.

la lumière de la classe          une veste en cuir
le livre d'histoire              un gâteau au yaourt
un tas de feuilles               une disquette d'ordinateur
la chaleur du désert             la vie en montagne
un bateau de pêche               la cage aux lions

**216** Même exercice.

la boîte aux lettres             la sonnerie du téléphone
notre départ en vacances         l'arbre de Noël
une maison en pierre             la bataille d'Angleterre
la ruée vers l'or                la chasse aux papillons
la course au trésor              le Tour de France

**217** Remplace les traits par un complément de nom.

la tarte aux ___
une gourmette en ___
une tranche de ___
des chaussures de ___
la correction de ___
un ver de ___
un ballon de ___
l'île de ___
un sac en ___
un immeuble sans ___

**218** Même exercice.

la rue __                    l'arc de __
la famille __                l'encyclopédie __
la moutarde de __            le match __
le général __                l'hôpital __
les éditions __              la mer __

**219** Même exercice.

un bateau à __               une roue à __
un cheval de __              un livre sans __
la région __                 le professeur de __
un éclair au __              l'émission __
un exercice sans __          un visa pour __

**220** Remplace les traits par la préposition qui convient.

un gant __ toilette          une galerie __ toit
une course __ la montre      le conseil __ ministres
les aiguilles __ la pendule  un costume __ mesure
un parcours __ dents de scie un tour __ magie
une tour __ ascenseur        un régime __ sel

**221** Même exercice.

un satellite __ télécommunication   le moulin __ café
une souris __ ordinateur            la clé __ champs
une nuit __ lune                    des traces __ pas
un voyage __ Canada                 un résultat __ surprise
un bijou __ argent                  un sol __ béton

**222** Recopie les phrases ci-dessous. Souligne les groupes nominaux et entoure les compléments de nom.

**a.** La cuisine est au bout du couloir.
**b.** La pelouse du stade est grillée par le soleil.
**c.** L'arbitre de touche a sifflé un hors-jeu.
**d.** Le roi d'Espagne est en visite en France.
**e.** Les rues de la ville sont désertes.
**f.** Paul est l'aîné des trois frères.
**g.** Il y a beaucoup de moulins à vent en Hollande.
**h.** Pour sa fête, maman a eu un superbe bouquet de roses.

**223** Même exercice.

    **a.** Un numismate est un collectionneur de monnaies.
    **b.** As-tu appris ta leçon de géographie ?
    **c.** Les enfants font du patin à roulettes.
    **d.** La foudre est tombée sur le paratonnerre du château.
    **e.** Je me suis baigné dans l'océan Atlantique.
    **f.** Jackie préfère son thé sans sucre.
    **g.** Nos voisins ont changé leur salle à manger.
    **h.** Une journée sans soleil est triste.
    **i.** Le match France-Irlande fut un beau match.
    **j.** Nous avons gagné un voyage en bateau.

**224** Recopie les phrases suivantes. Entoure les compléments de nom et trace une flèche vers les noms qu'ils précisent.

    **a.** La machine à laver est tombée en panne.
    **b.** L'avenue des Champs-Élysées est la plus belle avenue du monde.
    **c.** La tour Eiffel est le monument le plus visité de Paris.
    **d.** Après le violent orage de cette nuit, le beau temps est revenu.
    **e.** Prête-moi ta scie à métaux.

**225** Même exercice.

    **a.** Il y a eu un cambriolage dans la rue Voltaire.
    **b.** Julien m'a prêté un disque de jazz.
    **c.** Tu nous racontes des histoires à dormir debout.
    **d.** Nous avons fait le tour des lacs d'Auvergne.
    **e.** Le sommet le plus élevé du Jura est le crêt de la Neige.

**226** Même exercice.

La cuisine était assez grande, il y avait des billots faits avec des chênes tout entiers, des couperets énormes, des poêles à frire larges comme des meules de moulin, un tournebroche dont les roues avaient l'air d'un moulin à farine, des broches, des broches longues comme le pied de la grande bannière de Clohars !

Y. Brékilien, *Récits vivants de Bretagne*, « Les aventures de monsieur Tam-Kik »,
Hachette Éducation.

J'ai revu la classe aux longues tables sombres qui couraient de la rue à la cour et derrière lesquelles s'asseyaient les écoliers en blouses noires parfois décorées de boutons rouges. C'était un peu avant les années trente. Il y avait encore le gaz pour éclairer les classes. À la récréation du soir, les papillons jaunes tremblaient dans des cages de verre.

P. Gamarra, *Ce maître nous enseignait la République*, « Histoires d'école », D.R.

## JE TRAVAILLE SEUL(E)

**Les deux exercices suivants sont corrigés à la page 189.**

**227** Recopie les phrases suivantes. Souligne les compléments de nom et entoure la préposition qui les introduit. (Attention, il n'y a pas toujours de préposition !)

**a.** Le ballon de football a heurté le pot de fleurs.
**b.** Le boulevard Maurice-Carême est bordé de platanes.
**c.** Tous les enfants du centre aéré font une course d'orientation.
**d.** L'edelweiss est une fleur des montagnes.
**e.** Ce peintre en bâtiment travaille sur une grande échelle.
**f.** Le badminton est un sport d'intérieur.

**228** Remplace chaque adjectif qualificatif par un complément de nom.

| | |
|---|---|
| une randonnée montagnarde | le transport maritime |
| le cabinet médical | un oiseau nocturne |
| un liquide incolore | le transport fluvial |
| un musée parisien | l'équipe strasbourgeoise |
| une bille métallique | un village provençal |

# l'attribut du sujet ■

L'attribut du sujet est, le plus souvent, un adjectif qualificatif, un nom ou un groupe nominal.

L'attribut est introduit par un verbe d'état (être, paraître, sembler, devenir, rester, avoir l'air...).

L'attribut désigne le même être (ou la même chose) que le sujet, soit en définissant ce qu'il est (Pierre est médecin. Ce solide est un cube), soit en lui donnant une qua-lité (Ce marteau semble solide. Ton chien paraît calme).

**229** Recopie les phrases ci-dessous. Souligne en bleu les sujets et en rouge les attributs du sujet.

   **a.** Actuellement, Patrick est stagiaire ; il deviendra titulaire l'an prochain.
   **b.** Catherine semble désolée de sa négligence ; elle reste silencieuse et se promet d'être plus attentive la prochaine fois.
   **c.** Cette cathédrale est gothique, bien que le chœur semble roman.
   **d.** Trouver une location libre à cette époque de l'année est bien difficile.

**230** Même exercice.

   **a.** L'Amazone est le plus long fleuve d'Amérique du Sud.
   **b.** Ce jeune chanteur deviendra probablement un très grand artiste.
   **c.** La forêt était sombre, touffue et broussailleuse ; elle paraissait hantée !
   **d.** Si je m'absente une minute, qui restera sage ?
   **e.** Malgré son incroyable culture et l'importance de sa fonction, cet homme est resté modeste et discret.

**231** Recopie les phrases ci-dessous, souligne en bleu les attributs du sujet et en rouge les compléments d'objet direct.

   **a.** Simon est étrangement calme ; il mange son dessert en silence ; il paraît absent ; et puis, d'un seul coup, il éclate de rire.
   **b.** Gaston Rebuffat restera l'un des plus grands alpinistes de tous les temps. Il a marqué toute une génération de grimpeurs.
   **c.** Le vent soufflait des gerbes d'écume blanchâtre ; la mer devenait de plus en plus furieuse. Elle avait perdu ses couleurs et semblait grise.
   **d.** Les enfants paraissent ravis de leur sortie. Ils ont visité tout le musée et sont prêts à y retourner.

**232** Même exercice.

Le jeu avait l'air difficile et Cédric lisait attentivement les consignes. Il introduisit ensuite le CD-ROM dans le lecteur et l'écran s'anima. Les personnages semblaient vivants. Le décor était superbe. Cédric choisit son « champion » et le jeu débuta.

**233** Recopie uniquement les phrases qui comportent des attributs du sujet et souligne ceux-ci.

**a.** Ce garçon est blond.
**b.** Ce garçon est ici.
**c.** Ce garçon est mon cousin.
**d.** Ce garçon nettoie son vélo.
**e.** Ce garçon a l'air gentil.
**f.** Ce garçon a les yeux bleus.
**g.** La forêt devant nous paraît étendue.
**h.** La forêt devant nous est la forêt de Retz.
**i.** La forêt devant nous semble profonde.
**j.** La forêt devant nous disparaît dans la brume.

**234** Même exercice.

**a.** Mon père lave la vaisselle.
**b.** Mon père écrit un roman.
**c.** Mon père paraît jeune.
**d.** Mon père est écrivain.
**e.** Mon père a du talent.

**235** Recopie le texte ci-dessous et souligne les attributs du sujet.

La rue était animée. Devant les boutiques, les passants se bousculaient. Ils semblaient pressés. Au coin du boulevard, la vitrine d'un grand magasin était magnifiquement décorée et des dizaines d'enfants la contemplaient, émerveillés. Plus loin, un sapin, garni d'une multitude de guirlandes, semblait une étoile illuminant la ville.

**236** Même exercice.

L'hiver approchait. Peu à peu, le ciel devenait gris, les dernières fleurs se flétrissaient ; toute la nature se recroquevillait. Sur les plaines, les brumes matinales étaient plus épaisses et, dans le lointain, les reliefs étaient déjà poudrés. Le froid était là et la nature était silence. La saison du « long sommeil » annonçait son retour.

JE TRAVAILLE SEUL(E)

**L'exercice suivant est corrigé à la page 189.**

**237** Recopie le texte ci-dessous et souligne les attributs du sujet.

Monsieur Ernest est un bon menuisier. Il travaille le bois avec amour et, durant son labeur, il a toujours l'air heureux. Ses mains larges et calleuses caressent les outils plus qu'elles ne les empoignent. Quand il a terminé un ouvrage, Ernest reste immobile un long moment à contempler l'objet qu'il a fabriqué.

**POUR ALLER PLUS LOIN**

**Un pronom ou un verbe à l'infinitif peuvent aussi être attribut du sujet.**

**Ex.**    **Pierre n'est pas célèbre, mais le deviendra peut-être.**

　　　　　adjectif　pronom personnel
　　　　　attribut　　　attribut

**La meilleure solution est d'attendre.**

　　　　　　　verbe à l'infinitif
　　　　　　　attribut

**238** Dans les phrases ci-dessous, souligne tous les attributs du sujet. (Attention, toutes les phrases ne contiennent pas obligatoirement un attribut!)

**a.** L'essentiel est de participer.
**b.** L'Antarctique est un continent international, et j'espère qu'il le restera.
**c.** Nous entendons passer les voitures.
**d.** Mélanie prépare un gâteau et le met au four.
**e.** Ces tableaux sont des copies, pourtant ils ne le paraissent pas.

**239** Même exercice.

**a.** Je copierai ce texte, puis je l'illustrerai d'un document.
**b.** Ces rivages sont encore propres ; souhaitons qu'ils le restent.
**c.** Pour connaître la solution de l'énigme, il nous faudra patienter.
**d.** Après un tel effort, notre seul objectif sera de récupérer.
**e.** Sonia chante très bien ; elle n'est pas encore une vedette, mais peut-être en deviendra-t-elle une.

# l'adjectif qualificatif ■
# épithète du nom ou attribut du sujet

Quand l'adjectif qualificatif fait partie du groupe nominal, il est épithète du nom.

Ex.        Un jeune garçon m'indique la bonne direction.

      dét. adj. nom      dét.   adj.   nom

         épith.              épith.

         GN sujet              GN

Quand l'adjectif qualificatif fait partie du groupe verbal, il est attribut du sujet.

Il est séparé de ce sujet, avec lequel il s'accorde, par un verbe d'état (être, paraître, sembler...).

Ex.        Ce garçon est très sympathique.

       sujet         adj. attribut

            GV

**240** Recopie les phrases ci-dessous. Souligne les adjectifs qualificatifs et indique s'ils sont épithètes du nom ou attributs du sujet.

    **a.** Une ruelle étroite aboutissait à sa maison.

    **b.** Le problème était difficile.

    **c.** La fenêtre ouverte donnait sur le jardin.

    **d.** Malgré le temps pluvieux, le cycliste s'entraînait.

    **e.** Annie possède une superbe collection de timbres.

    **f.** Tu traceras d'abord une ligne horizontale.

    **g.** Ce nouveau livre me semble très intéressant.

    **h.** Son grand-père a subi une grave opération chirurgicale.

    **i.** Depuis le début de la semaine, le temps reste orageux.

**241** Même exercice.

    **a.** Les pièces de notre nouvelle maison paraissaient immenses.

    **b.** Quel fantastique exploit !

    **c.** Des vagues énormes soulevaient le petit navire.

    **d.** Daniel a l'air passionné par le dessin animé.

    **e.** Le coureur cycliste paraissait épuisé par son violent effort.

    **f.** D'épaisses fumées noires s'élevaient au-dessus de la grange.

    **g.** Depuis que l'étrange personnage avait disparu, la maison semblait déserte.

    **h.** Alexandra demeurait attentive et silencieuse devant son téléviseur.

    **i.** La prochaine kermesse de l'école aura lieu la dernière semaine de juin.

**242** Même exercice.

Notre nouveau maître ne semblait ni vieux ni jeune. Des joues rondes lui donnaient un air plutôt gai et presque gentil, mais quand il fronçait ses épais sourcils, il obtenait un silence religieux.

**243** Transforme les phrases selon l'exemple ci-dessous afin que l'adjectif épithète devienne attribut. (Varie les verbes d'état.)
Ex. Je mangeais un gâteau délicieux.
    Le gâteau que je mangeais était délicieux.

    **a.** Christophe raconta une histoire incroyable.
    **b.** Jean-Claude et Janine traversent une immense forêt.
    **c.** Ma mère achète de la viande fraîche.
    **d.** Un chemin tortueux menait jusqu'à la plage.
    **e.** Nous cueillons des fruits mûrs.

**244** Même exercice.

    **a.** Le véhicule prit une route étroite.
    **b.** Le maître nous a donné un problème difficile.
    **c.** Ce garçon porte un pantalon trop court.
    **d.** Le boxeur a reçu un coup puissant.
    **e.** Nous regardions le drapeau tricolore.

**245** Transforme chacune des phrases ci-dessous afin que l'adjectif qualificatif attribut devienne épithète.
Ex. La voiture que je conduis est rapide.
    Je conduis une voiture rapide.

    **a.** Le documentaire que je regardais était passionnant.
    **b.** Le spectacle que proposent les cascadeurs a l'air dangereux.
    **c.** L'air que jouent les musiciens est entraînant.
    **d.** L'enquête que suit l'inspecteur paraît compliquée.
    **e.** Le film que ce réalisateur vient de tourner semble effrayant.

**246** Même exercice.

    **a.** Le bouquet de fleurs que tu as apporté est splendide.
    **b.** La nouvelle moquette que nous avons achetée paraît foncée.
    **c.** Ce jeu vidéo que l'on m'a offert paraît interminable.
    **d.** La contrée que viennent de traverser les explorateurs est verdoyante.
    **e.** L'hiver que nous avons subi fut rigoureux.

**Les deux exercices suivants sont corrigés à la page 189.**

**247** Recopie les phrases ci-dessous. Souligne les adjectifs qualificatifs et les participes passés employés comme adjectifs. Indique s'ils sont épithètes du nom ou attributs du sujet.

　　**a.** L'hiver froid et tranquille s'étirait lentement.
　　**b.** Cette rue bruyante est très commerçante.
　　**c.** Ce pittoresque petit village montagnard semblait perdu dans les arbres.
　　**d.** Votre jolie boutique est bien située.
　　**e.** C'était un petit singe malicieux et adroit.
　　**f.** L'épais brouillard demeura présent toute la matinée.
　　**g.** La tarte avait l'air appétissante.
　　**h.** Chacun est fier de son travail.
　　**i.** La vieille maison paraissait néanmoins spacieuse.
　　**j.** Peu à peu, la mer devint houleuse.

**248** Même exercice.

**Un petit port normand**

Ils entrèrent dans le petit village. Les rues vides, silencieuses gardaient une odeur de mer, de varech et de poisson. Les vastes filets tannés séchaient toujours, accrochés devant les portes ou bien étendus sur le galet.
La mer grise et froide avec son éternelle et grondante écume commençait à descendre, découvrant vers Fécamp les rochers verdâtres au pied des falaises. Et le long de la plage, les grosses barques échouées sur le flanc semblaient de vastes poissons morts.

G. de Maupassant, *Une vie*.

Un adjectif est mis en apposition quand il est séparé du nom qu'il qualifie par une virgule.

Ex.     **Déçu**, l'homme prit son chapeau et sortit.

Le chevalier, **courageux et téméraire**, frappa le dragon.

**249** Recopie les phrases suivantes. Souligne les adjectifs qualificatifs et indique s'ils sont épithètes, attributs ou apposés.

   **a.** Le nouvel élève s'assit sans rien dire.
   **b.** L'athlète, rapide et agile, fit un bond extraordinaire.
   **c.** Le stationnement est interdit de ce côté les jours pairs.
   **d.** Le petit poisson rouge demeurait immobile à la surface de l'eau.
   **e.** Impassible, silencieux, l'Indien scrutait l'horizon.

**250** Même exercice.

   **a.** Sauvage et boisée, cette région demeure superbe.
   **b.** Le parapente, minuscule, silencieux, semble perdu dans l'immensité bleue.
   **c.** Exténué, le cycliste franchit la ligne d'arrivée.
   **d.** Cette aventure, curieuse et insolite, lui était arrivée l'an dernier.
   **e.** Calme et tranquille, la rivière dessinait son profil sinueux à travers la plaine désertique.

# synthèse 4 ■

**251** Recopie les groupes nominaux ci-dessous et souligne les compléments du nom. (Tous les groupes nominaux n'en comportent pas obligatoirement.)

une ruse de Sioux – un article en solde – un travail difficile – une rue encombrée – la main-d'œuvre – un paysage ensoleillé – la rue Clemenceau – une pâtée pour chien – un film sans intérêt – le cidre normand – la région Aquitaine – une place avec supplément – un écrivain très connu – un chanteur de renom – le lycée Albert-Camus.

**252** Recopie le texte ci-dessous, puis souligne les compléments du nom.

Dans le grenier de la maison, Michaël découvre avec impatience le contenu du coffre qu'il vient d'ouvrir. Il en sort un gros paquet de cartes postales, un vieil ours en peluche, trois livres de Jules Verne, un petit bouquet de fleurs séchées, un dictionnaire Hachette, une collection de calendriers des Postes, une chemise jaunie décorée d'un insigne militaire et quelques bibelots sans valeur. Un peu déçu, le garçon contemple les objets autour de lui. Pas de tré-sor... dommage !

**253** Récris les groupes nominaux ci-dessous en remplaçant la proposition subordonnée relative ou l'adjectif qualificatif en gras par un complément de nom.
Ex. Une boisson **incolore**.
    Une boisson **sans couleur**.

**a.** La forêt **landaise**.
**b.** La mode **parisienne**.
**c.** Une **place ensoleillée**.
**d.** Des produits **qui proviennent du terroir**.
**e.** Un plat **qui sert à préparer des gratins**.
**f.** Un cri **victorieux**.
**g.** Des pruneaux **agenais**.
**h.** Une bague **qui n'a pas de valeur**.
**i.** Un article **promotionnel**.
**j.** L'aventure **humaine**.

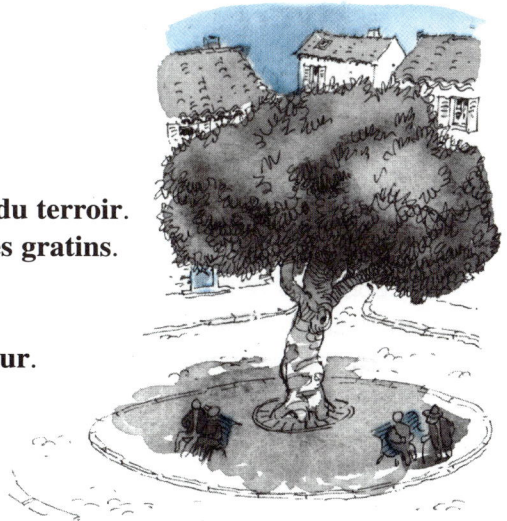

**254** Relève les groupes en caractères gras et classe-les dans un tableau :

| compléments circonstanciels | compléments d'objet | compléments de nom |
|---|---|---|
|  |  |  |

a. Je vais **à l'école à vélo**.
b. Victor prend **de l'aspirine** pour soulager son mal **de tête**.
c. Les touristes sont arrivés **en masse** pour visiter le musée **d'Orsay**.
d. Les acteurs descendent **de la scène** et s'approchent **du public**.
e. Tu as parlé avec tes parents du tremblement **de terre au Chili**.
f. Nicolas est en voyage **à l'étranger** ; il pense souvent **à ses parents**.

**255** Même exercice.

a. À l'aube, nous partirons **à la pêche à la truite**.
b. Le directeur **de l'école** les a priés **d'entrer**.
c. Vous mettrez vos bottes **en caoutchouc** et vous rentrerez **en marchant**.
d. **En France**, le marathon **du Médoc** est connu de tous les coureurs.
e. Je viens **du stade** et j'ai croisé, à l'entrée **des vestiaires**, l'équipe **du PSG**.

**256** Recopie les phrases ci-dessous et souligne les attributs du sujet. (Toutes les phrases n'en contiennent pas obligatoirement.)

a. Cette idée paraît stupide, pourtant elle est tout à fait judicieuse.
b. Ma principale préoccupation reste mon métier.
c. Mon frère aîné possède un terrain au bord de la mer.
d. Maguy ignore le lieu de ses prochaines vacances.
e. Mon oncle est pâtissier. Il prépare de superbes gâteaux qui ont toujours l'air délicieux.
f. Ce pilote ne gagnera pas la course : sa voiture a des ennuis mécaniques et reste immobilisée sur le stand.

**257** Recopie les phrases ci-dessous et donne la fonction des adjectifs qualificatifs en gras.
Ex.   Morgane a peint un tableau **charmant**.
     **Charmant** : épithète du nom tableau.

a. La qualité de cette voiture est **incontestable**.
b. Mon père achète un journal **quotidien**.
c. Je vous prie d'agréer mes plus **sincères** salutations.
d. Ce menu est tout **simple**, mais il est **succulent**.
e. Sous l'arbre **solitaire** était attaché un **vieux** chien qui avait l'air **féroce**.

# IV - Accorder

# le nom avec le déterminant ■

**258** Classe les déterminants ci-dessous en deux catégories : déterminants singuliers et déterminants pluriels.

le – quelques – cet – mon – nos – leurs – chaque – des – plusieurs – ces – un – tes – cette – sa – deux – la.

**259** Classe les déterminants ci-dessous en deux catégories : déterminants masculins et déterminants féminins.

une – ma – le – cette – un – ce – mon – cet – sa.

**260** Recopie cette liste et relie le déterminant avec le nom correspondant.

| | |
|---|---|
| des | assiette |
| cet | arbre |
| une | chaussures |
| ces | musiciens |
| la | signal |
| ton | voiture |

**261** Même exercice.

| | |
|---|---|
| un | cerises |
| sa | employé |
| quelques | barrière |
| quatre | compliment |
| le | habitation |
| cette | oranges |

**262** Observe les noms ci-dessous et indique quel déterminant peut les précéder : un ou une ? Quelle remarque peux-tu faire ?

athlète – concierge – artiste – secrétaire

**263** Observe les noms suivants et indique quel déterminant peut les précéder : **le, la** ou **les** ? Quelle remarque peux-tu faire ?

tapis – noix – creux – souris

# l'adjectif qualificatif avec le nom ■

Les adjectifs qualificatifs accompagnent les noms et s'accordent en genre et en nombre avec ceux-ci.

Ex.　　　Un conte passionn**ant**　　　　Des contes passionn**ants**

　　　　　Une histoire passionn**ante**　　Des histoires passionn**antes**

Le participe passé est souvent employé comme un adjectif qualificatif. Il s'accorde donc en genre et en nombre avec le nom qu'il qualifie.

Ex.　　　Ces fleurs coup**ées** sont magnifiques.

**264** Accorde les adjectifs qualificatifs avec les noms qu'ils accompagnent.
(L'adjectif peut se placer devant ou derrière le nom.)

léger : une brume　　　　　　　　juteux : une orange
blanc : l'assiette　　　　　　　　malicieux : une guenon
têtu : une ânesse　　　　　　　　actif : la population
gris : une journée　　　　　　　　adroit : une trapéziste
appétissant : une tarte　　　　　　lumineux : une enseigne

**265** Même exercice.

doux : une chanson　　　　　　　brutal : une manière
battant : la pluie　　　　　　　　essentiel : une leçon
principal : la rue　　　　　　　　vieux : une femme
spacieux : une maison　　　　　　régional : une coutume
avarié : une pomme　　　　　　　habituel : une activité

**266** Même exercice.

thermal : des stations　　　　　　studieux : une élève
tropical : les zones　　　　　　　blanc : une craie
long : une route　　　　　　　　sec : une serviette
aigu : une douleur　　　　　　　public : une place
beau : une journée　　　　　　　faux : de la monnaie

**267** Mets ces expressions au pluriel.

un devoir oral　　　　　　　　　un trait vertical
une leçon orale　　　　　　　　　une tige horizontale
un cri joyeux　　　　　　　　　　un chat gris
un geste amical　　　　　　　　　un cheval noir

**268** Même exercice.

| | |
|---|---|
| un bonbon exquis | une opération fausse |
| une recette exquise | une classe vide |
| un joueur loyal | un souvenir ancien |
| un vent frais | un endroit bruyant |
| un problème faux | une avenue bruyante |

**269** Recopie les listes suivantes. Relie les noms avec les adjectifs en tenant compte des accords.

| | |
|---|---|
| une rue | entraînant |
| des animaux | entraînante |
| une danse | sauvages |
| un air | sauvage |
| un chat | étroits |
| des chemins | étroite |
| un match | importants |
| des documents | patiente |
| des élèves | bavards |
| une institutrice | important |

**270** Complète les expressions suivantes par l'adjectif entre parenthèses. (Attention aux accords !)

**a.** (mensuel)     un journal – une revue – des magazines – des visites.
**b.** (nouveau)     un élève – des robes – une amie – des films.
**c.** (neuf)     un livre – des disquettes – des claviers – une voiture.
**d.** (obscur)     un couloir – des trous – une grotte – des cavernes.
**e.** (savoureux)     un plat – une recette – des mets – des tourtes.

**271** Écris convenablement les adjectifs entre parenthèses.

**a.** Ces vêtements sont (humide).
**b.** Tu portes des habits (neuf).
**c.** Tu as laissé les portes (clos).
**d.** Sa maman lui a raconté une histoire (merveilleux).
**e.** Ces nouveaux microprocesseurs sont (onéreux).
**f.** Nous avons passé une soirée (reposant).
**g.** Marine et Quentin ont des chevelures (blond).
**h.** Nous avons écouté ses explications (précis).
**i.** Cette crème est (épais).
**j.** En forêt, les biches sont (craintif).

**272** Mets les phrases suivantes au pluriel.

    **a.** C'était un élève sage, studieux, poli et toujours consciencieux.

    **b.** C'était une belle voiture rouge, racée, puissante et rapide.

    **c.** C'était un superbe trimaran, fin, élégant et prêt à bondir sur les flots.

**273** Dans les expressions suivantes, relève les adjectifs qualificatifs puis utilise-les avec un nom masculin.

| | |
|---|---|
| une rivière cruelle | une table copieuse |
| une lettre personnelle | une terrible maladie |
| l'ancienne forteresse | une mignonne maisonnette |
| une merveilleuse fée | une activité dangereuse |
| une journée ensoleillée | une pluie monotone |

**274** Mets les expressions suivantes au singulier.

| | |
|---|---|
| des livres ennuyeux | des dessins animés |
| des documentaires passionnants | des problèmes difficiles |
| mes vedettes favorites | des fillettes attentives |
| des animaux heureux | des groupes nominaux |
| des produits économiques | des chevaliers courageux |

**275** Recopie les phrases ci-dessous et complète-les avec les participes passés entre parenthèses.

    **a.** (vidangé, réparé) La voiture ___ et ___ est prête à reprendre la route.

    **b.** (parfumé)         Des roses ___ embaumaient la maison.

    **c.** (instruit)          Ces candidats très ___ devraient facilement gagner le jeu.

    **d.** (compris)        Une fois ta leçon ___, tu pourras aller jouer.

    **e.** (repeint)        Les portes ___ en blanc paraissent plus lumineuses.

**276** Même exercice.

    **a.** (nettoyé)        Ces vieux bijoux ___ rejoindront votre vitrine.

    **b.** (mis)             Une fois les assiettes ___, on servit le repas.

    **c.** (fini)             Sa démonstration ___, le vendeur attendait d'éventuelles questions.

    **d.** (râpé, usé, troué) Le célèbre comédien était méconnaissable dans ses vêtements ___.

    **e.** (choisi)         Les cravates ___ par mon père n'étaient pas du meilleur goût.

**277** Transforme les expressions suivantes selon l'exemple ci-dessous.
Ex. couper une fleur – une fleur coupée

marquer un but                    conjuguer un verbe
étudier une leçon                 tondre la pelouse
saisir l'occasion                 ébrancher les arbres
écouter les consignes             ouvrir la porte
attendre le bus                   recevoir un colis

**278** Même exercice.

envoyer une lettre                reproduire une cassette
rendre la monnaie                 boire une tisane
évoquer des souvenirs             conduire une moto
éteindre la lampe                 cueillir des fleurs
commencer un travail              ensemencer des champs.

**279** Accorde chaque adjectif ou participe passé entre parenthèses avec le nom qu'il qualifie.

**a.** (Emporté) par le vent, les feuilles volaient en tous sens.
**b.** (Découragé) par la pluie, les cavaliers firent demi-tour.
**c.** (Envahi) par les mauvaises herbes, le jardin a triste mine.
**d.** (Mélangé) avec de la confiture, cette crème est bien meilleure.
**e.** (Petit) comme ils sont, ils doivent passer inaperçus.

**280** Même exercice.

**a.** Bien (colorié) par les enfants, ce panneau est superbe.
**b.** (Allongé) sur le sable, elles dormaient au soleil.
**c.** Superbement (écrit) à la plume, cette lettre mériterait d'être encadrée.
**d.** (Content) de leur qualification, les joueurs saluaient leur public.
**e.** (Satisfait) de son travail, elle reposa ses crayons de couleur

Quand un adjectif qualificatif ou un participe passé se rapporte à plusieurs noms de genres différents, il prend la marque du masculin pluriel.
Ex.        Une chemise et un pantalon **blancs**

**281** Accorde les adjectifs qualificatifs entre parenthèses avec les noms qu'ils qualifient.

    **a.** (noir)           Un pantalon et une ceinture
    **b.** (givré)          Le tronc et les branches
    **c.** (chiffonné)     La nappe et les serviettes
    **d.** (bleu)          Un chemisier et une veste
    **e.** (perdu)         Une manche et un match

**282** Même exercice.

    **a.** (périmé)          Un catalogue et une revue
    **b.** (régional)       Un plat et une boisson
    **c.** (personnel)     Des idées et des projets
    **d.** (tropical)       Une plante et une fleur
    **e.** (confidentiel)   Un document et une lettre

**POUR ALLER PLUS LOIN**

Les adjectifs de couleur s'accordent en genre et en nombre avec le nom qu'ils qualifient (ex. des bonnets rouges), sauf lorsque la couleur est désignée par:
– un adjectif composé (ex: des bonnets bleu marine);
– un nom imagé de fruit, de fleur… (ex. des bonnets marron, des bonnets orange).
Exceptions: rose et mauve s'accordent.

**283** Accorde les adjectifs qualificatifs ci-dessous avec les noms qu'ils accompagnent (quand c'est possible).

bleu: des gilets                   abricot: des chemises
noir: des écrans                 vert: des petits hommes
jaune citron: des bonbons      blanc: des couettes
cerise: des robes              vert clair: des feuilles
rose: des joues                tomate: des collants

**284** Même exercice.

gris : des eaux                          saumon : des pochettes
bleu outremer : des vestes               pêche : des jupes
rouge foncé : des drapeaux               groseille : des couvertures
orange : des maillots                    vert jade : des assiettes
roux : des chevelures                    jaune vif : des affiches

**285** Emploie chacun des adjectifs de couleur suivants dans une phrase.

blanc – prune – mauve – bleu marine – jaune.

## JE TRAVAILLE SEUL(E)

**Les deux exercices ci-dessous sont corrigés à la page 189.**

**286** Accorde les adjectifs qualificatifs ou participes passés entre parenthèses.

**a.** De (lourd) nuages s'amoncelaient et annonçaient une soirée (pluvieux).
**b.** Cette (petit) pièce est (essentiel) à l'équilibre de ma construction.
**c.** Les gâteaux (cuit) seront (sorti) du four, puis (démoulé) sur une plaque.
**d.** Les deux alpinistes (fatigué) mais (heureux) arrivaient enfin sur l'arête (sommital).
**e.** Au centre de l'église, quatre (fort) piliers de pierre supportent le clocher (octogonal).

**287** Même exercice.

**a.** Ces pêches (juteux) sont (délicieux).
**b.** Le gâteau et la brioche (parfumé) embaumaient la cuisine.
**c.** Les pierres (chauffé) par le soleil roulaient sous les pieds mal (chaussé) des touristes (imprudent).
**d.** Nous débarrassons la maison d'un fauteuil et d'une chaise (cassé).
**e.** (Étourdi) par sa chute, la cavalière (débutant) se releva avec peine.

# le verbe avec son sujet ■

Le verbe s'accorde en nombre et en personne avec son sujet.

On peut identifier le sujet du verbe en posant la question « qui est-ce qui ? »
(ou « qu'est-ce qui ? »).

**288** Recopie les phrases suivantes en conjuguant les verbes au présent de
l'indicatif.

    **a.** Jonathan rang____ ses jouets.

    **b.** Les chevaux galop____ dans le pré.

    **c.** Le médecin auscult____ le malade.

    **d.** Dans ce virage dangereux, les voitures ralenti____ beaucoup.

    **e.** Pendant que les souris grignot____ un morceau de pain, un chat s'approch____.

    **f.** Les élèves de l'école organis____ samedi matin un tournoi de football.

    **g.** Le directeur du théâtre présent____ son programme de l'année.

    **h.** Le vent se lèv____, les navires rentr____ au port.

    **i.** De gros nuages obscurci____ le ciel ; l'orage s'annonc____.

    **j.** Les chasseurs encercl____ le marais et attend ____ les canards.

Plusieurs sujets singuliers valent un sujet pluriel.

Ex.       Myriam et son frère **attendent** le train.

**289** Recopie les phrases suivantes en conjuguant les verbes au présent de
l'indicatif.

    **a.** Joachim et sa petite sœur jou____ dans le jardin.

    **b.** La Seine et l'Eure arros____ notre département.

    **c.** Le fémur, le tibia et le péroné compos____ une partie du squelette de la jambe.

    **d.** Le plombier et l'électricien termin____ les travaux ce matin.

    **e.** Ludovic et Sonia vien____ nous voir cet après-midi.

**290** Recopie les phrases ci-dessous en conjuguant les verbes à l'imparfait de
l'indicatif.

    **a.** La pluie approch____ et les moutons se mett____ à l'abri.

    **b.** Mon oncle et ma tante m'envo____ chaque année une carte d'anniversaire.

    **c.** Ces bouteilles de cidre sembl____ périmées.

    **d.** Le berger et son chien mont____ regrouper le troupeau.

    **e.** Les branches de l'arbre s'inclin____ sous le poids des fruits.

Dans une phrase, le sujet peut se trouver après le verbe.
On parle alors d'un sujet inversé.

**291** Recopie les phrases ci-dessous en conjuguant les verbes au présent de l'indicatif.

    **a.** Dans le pré galop___ une jument et son poulain.
    **b.** Le champion accélèr___ l'allure et distanc___ ses poursuivants.
    **c.** Sur le bord de la fenêtre refroidi___ de petits gâteaux odorants.
    **d.** Dans le tilleul chant___ les moineaux.
    **e.** À l'approche de l'hiver s'envol___ les hirondelles.

**292** Même exercice.

    **a.** Tout en haut de l'arbre, un écureuil saut___ de branche en branche.
    **b.** De la brume du matin sort___ enfin les cheminées du paquebot.
    **c.** Dans le tiroir de son bureau, Olivier rang___ ses cahiers.
    **d.** Sur le calendrier, quelques dates apparai___ en gras.
    **e.** Au bord du ruisseau pouss___ deux saules magnifiques.

**293** Recopie les phrases ci-dessous en conjuguant les verbes à l'imparfait de l'indicatif.

    **a.** Avec le retour du printemps, enfin, les jours rallong___.
    **b.** À l'entrée du magasin se ten___ le vendeur et son directeur.
    **c.** Des dizaines de cartes postales recouvr___ le bureau de Julien.
    **d.** Des salles sombres et voûtées se dégag___ une étrange impression.
    **e.** Dans la salle d'attente patient___ plus de dix personnes.

**Me, te, le, la, les, l', leur…** placés avant le verbe sont des pronoms personnels compléments.
Le verbe s'accorde toujours avec son sujet (quels que soient les mots qui le précèdent).

**294** Écris les verbes ci-dessous au présent de l'indicatif.

| | | |
|---|---|---|
| Je te pardonn___ | Vous lui rend___ | Je les compliment___ |
| Il me parl___ | Elles nous choisi___ | Nous le rinç___ |
| Nous leur deman___ | Ils la lav___ | Je vous recommand___ |
| Je les encourag___ | Tu leur dessinn___ | Vous la cass___ |
| Tu me prépar___ | Elle lui obéi___ | Il les atten___ |

**295** Même exercice.

| | | |
|---|---|---|
| On te soulag___ | Tu les énerv___ | Je les appliqu___ |
| Tu lui écri___ | Ils l'appréci___ | Nous l'ador___ |
| Il me soign___ | Elle les intéress___ | Elles me gratt___ |
| On les décharg___ | Vous la quitt___ | Tu leur offr___ |
| Je la pinc___ | Ils le retourn___ | On les compren___ |

**296** Écris les phrases ci-dessous en conjuguant les verbes au présent de l'indicatif.

a. Cette situation ne les arrang___ pas.

b. Je leur expliqu___ le problème et ils le compren___ aisément.

c. Sur les crêtes, les nuages s'amoncel___ ; le vent se lèv___, les dissip___ et le ciel se dégag___.

d. Ces chaussures sembl___ de grande qualité ; je te les offr___ pour ton anniversaire.

e. Pierre et Marie étudi___ leur leçon puis la récit___ à leur mère.

**297** Même exercice.

a. Le pianiste jou___ quelques vieux airs américains et les accompagn___ de sa voix chaude et râpeuse ; les enfants l'écout___ et l'admir___. Il les charm___ et les enchant___.

b. Les pompiers combatt___ l'incendie et le maîtris___.

c. Les enfants lav___ la vaisselle, l'essui___ et la rang___ dans le grand buffet de la cuisine.

d. Ces gâteaux sembl___ excellents, je te les recommand___.

**298** Écris les phrases ci-dessous en conjuguant les verbes entre parenthèses à l'imparfait de l'indicatif.

a. Maman (éplucher) les pommes puis les (couper) en quartiers sur la pâte à tarte.

b. Les livreurs (sortir) la table du camion, puis la (monter) au deuxième étage de l'immeuble.

c. Le sommelier (choisir) quelques bouteilles pour ses clients, puis les leur (présenter).

d. Chaque joueur (enlever) ses chaussures de football, les (brosser) soigneusement, puis les (ranger) dans son sac de sport.

e. Cette carte postale leur (rappeler) les Antilles.

f. Tu lui (donner) un bonbon et il te (remercier).

**299** Même exercice.

    **a.** Ces comprimés te (soulager) et te (guérir) rapidement.

    **b.** Quand ces tulipes (fleurir), maman les (couper) pour en faire de jolis bouquets.

    **c.** Je leur (offrir) une place de cinéma.

    **d.** Marc (trier) ses photos puis les (classer) dans son nouvel album.

    **e.** Le pâtissier (préparer) quelques gâteaux et les (glisser) dans le four.

    **f.** Les enfants (choisir) une émission sur le progamme de la télévision et l'(enregistrer).

**300** Écris les phrases ci-dessous en conjuguant les verbes entre parenthèses au présent de l'indicatif.

    **a.** L'avion (survoler) une région où (alterner) lacs et forêts.

    **b.** Les deux chiens (jouer) avec une balle. Ils la (mordre), ils se la (disputer), ils (attendre) qu'on la leur (jeter) au fond du jardin.

    **c.** Maman te (donner) de bons conseils : les (écouter)-tu régulièrement ?

    **d.** Alain (copier) deux disquettes et les (donner) au professeur qui (suivre) et (corriger) son travail.

    **e.** Antoine et Sébastien te (connaître) bien.

**301** Même exercice.

    **a.** Le médecin (écouter) ses malades, les (ausculter) et les (rassurer).

    **b.** Les chasseurs (s'approcher) des marais que (recouvrir) un voile de brume.

    **c.** (Entendre)-tu l'oiseau qui (chanter) dans le cerisier ?

    **d.** J'(entasser) mes achats dans le chariot, puis je les (déposer) à la caisse.

    **e.** Arrivée à la maison, je les (sortir) et les (déballer) dans la cuisine.

    **f.** Sur l'immense carte murale (clignoter) des dizaines de petites ampoules.

**302** Même exercice.

    **a.** Quelques gouttes de pluie (tomber) sur les vitres.

    **b.** Caroline (mélanger) les cartes puis les (distribuer).

    **c.** Jennifer et Fatima m'(emprunter) un jeu électronique, mais me le (redonner) presque aussitôt.

    **d.** Au-dessus des plateaux tibétains (se dresser) l'Himalaya.

    **e.** Le chef d'orchestre, entouré de ses musiciens, (saluer) le public.

    **f.** Cinq œillets et une superbe rose (composer) le bouquet.

    **g.** Le chat, poursuivi par les deux chiens, (sauter) par-dessus la barrière.

    **h.** Les navires (gîter), (tanguer), (disparaître) sous les vagues, mais (regagner) enfin le port.

    **i.** Antoine et Sébastien me (féliciter) pour mon succès et je les en (remercier) vivement.

**303** Écris les phrases ci-dessous en conjuguant les verbes entre parenthèses à l'imparfait de l'indicatif.

    **a.** Sur l'écran (s'afficher) des instructions curieuses !

    **b.** Le chien et le chat (attendre) le retour de leur maître.

    **c.** Il (nettoyer) ses chaussures et les (ranger) dans le placard.

    **d.** Ce village de vacances nous (proposer) des randonnées à raquettes.

    **e.** Monsieur et madame Meunier (aimer) jouer au tennis, mais le golf est le sport qui les (intéresser) le plus.

    **f.** Sous la fine couche de neige (lever) déjà quelques fleurs.

    **g.** (Peler)-tu ta pomme avant de la manger ?

    **h.** Les fourmis, attirées par le sucre, (envahir) le placard.

**304** Écris les phrases ci-dessous en conjuguant les verbes entre parenthèses aux temps demandés de l'indicatif.

    **a.** Pierre (enregistrer – présent) deux disques, mais il ne les (écouter – futur simple) que demain.

    **b.** Le prestidigitateur (battre – imparfait) les cartes, puis les (présenter – imparfait) aux spectateurs.

    **c.** Les scientifiques (observer – imparfait) la baleine dans le bassin et la (filmer – imparfait).

    **d.** Les alpinistes (progresser – présent) lentement sur la paroi, quand, enfin, se dégageant des nuages, (apparaître – présent) le sommet.

    **e.** Thierry (être – présent) triste de quitter ses amis, il ne les (revoir – futur simple) pas avant les prochaines vacances.

**L'exercice suivant est corrigé à la page 190.**

**305** Écris les phrases ci-dessous en conjuguant les verbes entre parenthèses au présent de l'indicatif.

- **a.** Dans le ciel clair (se disperser) les fumées de l'usine.
- **b.** Une troupe de cavaliers (apparaître) à l'horizon.
- **c.** Dans le hall de la mairie (se dresser) deux énormes tours de pain d'épice.
- **d.** Nicolas et Sabrina (rendre) visite à leur grand-mère et lui (offrir) une boîte de chocolats.
- **e.** Cet hôtel, mentionné dans deux guides touristiques, (proposer) des chambres à des prix intéressants.
- **f.** Le pharmacien (recevoir) de nouveaux médicaments et les (ranger) sur ses étagères.
- **g.** Les journalistes (préparer) une nouvelle émission et l'(enregistrer).
- **h.** Tu (découvrir) tes nouveaux skis et tu les (essayer) avec plaisir.
- **i.** Dans le petit matin (s'élancer) les coureurs.
- **j.** Les canoës, poussés par le courant, (filer) sur la rivière.

**306** Écris les phrases ci-dessous en conjuguant les verbes entre parenthèses au présent de l'indicatif.

- **a.** Salades, pommes de terre, carottes, tout (pousser) dans ce jardin.
- **b.** Ces appareils ne lui (convenir) pas et je vous les (rapporter).
- **c.** Directeur, caissières, vendeuses, chacun (s'activer) dans ce magasin !
- **d.** Sophie et Sabrina (recopier) les informations intéressantes de ce livre, puis elles les (ranger) dans la bibliothèque qui (occuper) tout le fond de la salle.
- **e.** Grands sportifs ou simples amateurs, tous (progresser).
- **f.** Voilà qui (sembler) intéressant.
- **g.** La cour (être) étrangement silencieuse : élèves, professeurs, surveillants, personne ne (dire) mot.

# le participe passé avec l'auxiliaire être ■

Le participe passé utilisé avec l'auxiliaire être s'accorde avec le sujet.

Ex.        Ils sont tomb**és**.

           Elles sont tomb**ées**.

**307** Recopie les phrases ci-dessous et entoure la terminaison des participes passés.

**a.** Maman est rentrée du travail.

**b.** Les animaux sont endormis.

**c.** L'infirmière est arrivée en retard.

**d.** Les roses sont fanées.

**e.** La nuit est tombée.

**f.** Les chatons sont nés hier.

**g.** L'assiette est bien garnie.

**h.** Vous êtes venues au spectacle.

**i.** Les lettres sont écrites à la main.

**308** Conjugue les verbes au passé composé, avec il et elles.

aller – entrer – tomber – rester – partir.

**309** Mets les phrases suivantes au pluriel.

**a.** Le match est interrompu.

**b.** Le joueur est épuisé.

**c.** Le spectateur est déçu.

**d.** Le champion a été félicité.

**e.** Une nouvelle rencontre est attendue.

**f.** Un but sera marqué.

**g.** Le héros sera applaudi.

**h.** Tu es arrivé à l'heure.

**i.** Le coup d'envoi a été donné.

**j.** L'alpiniste avait été surpris par le mauvais temps.

**310** Même exercice.

> **a.** Tu es devenu riche.
> **b.** La maison a été construite en 1920.
> **c.** La bouteille sera remplie.
> **d.** Elle fut venue.
> **e.** J'étais arrivé à temps.
> **f.** Tu es parti à la patinoire.
> **g.** La ville fut rasée par l'ouragan.
> **h.** Le mandat a été envoyé.
> **i.** La tente était installée à l'endroit convenu.
> **j.** La porte fut ouverte par le vent.

**311** Complète les phrases suivantes à l'aide des participes passés des verbes en gras.

> **a. ranger**       Les livres sont _____ sur l'étagère.
> **b. payer**        La facture est _____.
> **c. retenir**      Les places pour le concert ont été _____.
> **d. fermer**       Le volet a été _____.
> **e. casser**       La bouteille fut _____.
> **f. ouvrir**       La porte de la maison était _____.
> **g. embouteiller** Lors des départs en vacances, les routes sont _____.
> **h. découdre**     Ma manche est _____.
> **i. annuler**      L'émission de 20 h 30 a été _____.
> **j. soigner**      Nous avons été très bien _____.

**312** Même exercice.

> **a. échapper**     Le champion s'est _____ sans être _____.
>    **rejoindre**
> **b. détruire**     Cette boutique a été _____ par l'explosion.
> **c. ranger**       Vos affaires doivent être soigneusement _____ dans vos cases.
> **d. entretenir**   Cette salle est bien _____.
> **e. admettre**     Elle avait été _____ à son examen.
> **f. expédier**     Les lettres furent _____ à temps.
> **g. classer**      Tous les fichiers ont été _____ et _____ sur des disquettes.
>    **archiver**
> **h. applaudir**    La chanteuse fut _____ pour sa prestation.
> **i. remplir**      Ma valise a été vite _____.
> **j. incendier**    La banque centrale a été _____.

**313** Recopie les mots suivants et trace toutes les flèches possibles.

L'oiseau est          blessé

L'antilope était      blessés

Les soldats sont      blessée

Nous fûmes            blessées

Je serai

**314** Même exercice.

Je suis              parti

Nous étions          partie

Mes amies sont       partis

Les voisins seront   parties

Ta sœur était

Vous serez

**315** Recopie les phrases ci-dessous en accordant les participes passés.

**a.** L'exploit a été accompli___.

**b.** Les anciens ordinateurs seront remplac___ par des nouveaux, plus performants.

**c.** Cette salle est superbement décor___.

**d.** Les feux de camp ont été allum___.

**e.** La jument fut attach___.

**f.** La ville fut englout___ par les eaux.

**g.** Les gangsters étaient poursuiv___ par les policiers.

**h.** La lande était batt___ par le vent.

**i.** Les problèmes doivent être résol___ rapidement.

**j.** La pelouse est tond___ tous les dimanches.

**316** Même exercice.

**a.** Le mur a été constru___.

**b.** Les lettres ont été écri___.

**c.** Ses paroles seront compri___.

**d.** L'eau a été bu___.

**e.** La frontière fut franchi___.

**f.** Les phrases furent tradui___.

**g.** L'équipe avait été vainc___.

**h.** Des erreurs avaient été commi___.

**i.** Le document sera transmi___.

**j.** La carte est dépli___.

**317** Même exercice.

a. La promesse a été tenu___.                    f. La corde a été romp___.

b. Les clients étaient bouscul___.               g. Les fruits avaient été récolt___.

c. Les hirondelles sont part___.                 h. La région sera envahi___.

d. Les meubles seront livr___.                   i. Les clés ont été perdu___.

e. La réunion fut prépar___.                     j. Ces articles ont été lu___.

**318** Recopie les phrases ci-dessous en conjuguant les verbes en gras au passé composé.

a. **tomber**      Les feuilles de l'arbre ___.

b. **partir**      Jérémie et sa sœur ___.

c. **rentrer**     Mistigri et son chaton ___.

d. **rester**      Ma tenue de gymnastique ___ en classe.

e. **aller**       Les élèves ___ au parc Astérix.

**319** Même exercice au plus-que-parfait.

**320** Recopie les phrases suivantes et accorde les participes passés.

a. Les discours sont prononc___.

b. Mes parents étaient all___ au théâtre.

c. La viande a été découp___.

d. Ces chaussures sont bien cir___.

e. Claire fut reç___ au concours.

f. Grand-mère sera dérang___ par tout ce bruit.

g. La scène a été film___ au Sahara.

h. Les sauveteurs étaient accueill___ à bras ouverts.

i. Ces voix sont enregistr___ sur disque compact.

j. La leçon a été appri___ par cœur.

**Les deux exercices suivants sont corrigés à la page 190.**

**321** Recopie les phrases suivantes et accorde les participes passés.

    **a.** Maman fut servi___ la première.

    **b.** Le voleur a été surpr___.

    **c.** La mine du crayon est cass___.

    **d.** Mon texte est tout ratur___.

    **e.** Les légumes seront cui___.

    **f.** Nos messages furent entend___.

    **g.** Des animaux ont été captur___.

    **h.** Les bouteilles seront rempli___ d'eau.

    **i.** Ma petite sœur a été priv___ de dessert.

    **j.** Les murs sont pein___ de couleurs vives.

**322** Recopie les phrases suivantes et complète-les à l'aide des participes passés des verbes en gras.

    **a. aller**      Stéphane et son père sont ___ faire les courses.

    **b. abandonner**      La ville était ___.

    **c. battre**      Nos ennemis ont été ___.

    **d. apparaître**      Une silhouette est ___.

    **e. reconnaître**      Les coupables furent ___.

    **f. commettre**      Une erreur a été ___.

    **g. sortir**      Nous sommes ___ à l'heure.

    **h. serrer**      Les boulons ont été ___ par le mécanicien.

    **i. prendre**      Lors des soldes, les boutiques sont ___ d'assaut.

    **j. acquérir**      Cette propriété a été ___ pour la somme de deux millions de francs.

# le participe passé avec l'auxiliaire avoir ■

Le participe passé utilisé avec l'auxiliaire avoir ne s'accorde jamais
avec le sujet du verbe.

**323** Recopie les phrases suivantes en conjuguant au participe passé les verbes
entre parenthèses.

- **a.** Nous avons (choisir) un livre.
- **b.** Pierre et Marc avaient (chanter) à la chorale.
- **c.** Elles ont (jouer) ensemble.
- **d.** Nous avions (rougir) en entendant la vérité.
- **e.** J'ai (entendre) la bonne nouvelle.
- **f.** Elle a (observer) les oiseaux du jardin.
- **g.** Vous aviez (répondre) à la question.
- **h.** Ils ont (brosser) leurs vêtements.
- **i.** Élise a (finir) son travail.
- **j.** Vous avez (servir) vos camarades.

**324** Même exercice.

- **a.** Stéphanie a (réussir) son examen.
- **b.** Charles et Jessica ont (obtenir) la meilleure note.
- **c.** Les journalistes ont (annoncer) leur démission.
- **d.** Carole avait (déchiré) son chemisier.
- **e.** L'orage a (dévaster) le verger.
- **f.** Nous avons (assister) à un concert.
- **g.** Ces fruits n'ont pas (mûrir) au soleil.
- **h.** Les averses ont (rendre) la route glissante.
- **i.** Les jardiniers ont (tailler) les arbres.
- **j.** Nous avons (lire) un magazine passionnant.

Auxiliaire être + participe passé :
le participe passé s'accorde avec le sujet du verbe.
Ex.        Les élèves sont rangés dans la cour.

Auxiliaire avoir + auxiliaire être + participe passé :
le participe passé s'accorde avec le sujet du verbe.
Ex.        Les assiettes ont été lavées.

Auxiliaire avoir + participe passé :
le participe passé ne n'accorde pas avec le sujet du verbe.
Ex.        Les souris ont dévoré le fromage.

**325** Recopie les phrases suivantes en écrivant au participe passé les verbes entre parenthèses. Vérifie avec quel auxiliaire le verbe est conjugué.

Elles ont (écouter)                    Vous aviez (observer)
Nous avons (lancer)                    Ils sont (écouter)
Elles ont été (observer)               Ils ont été (lancer)
Nous avons été (écouter)               Nous sommes (observer)
Vous aviez été (choisir)               Elle est (servir)
Ils ont (suivre)                       Elle sera (choisir)
Vous avez (servir)                     Vous aurez (suivre)
Nous avons (lire)                      Ils ont été (servir)
Elle était (suivre)                    Ils avaient (lire).

**326** Même exercice.

   **a.** Elles ont (danser) toute la nuit.
   **b.** Ils sont (rester) assis toute la journée.
   **c.** Anne a (écouter) un disque.
   **d.** Les étoiles avaient (briller) dans le ciel clair.
   **e.** Patricia est (partir) à l'école.
   **f.** Les enfants ont (dévorer) leur goûter.
   **g.** Nous sommes (retourner) en Bretagne.
   **h.** Lise est (arriver) en retard.
   **i.** Annie et Jérôme avaient (ranger) la maison.
   **j.** Nous étions (équiper) pour une longue course.
   **k.** Tous leurs soucis avaient (disparaître).
   **l.** Ils ont (habiter) là plus d'un an.
   **m.** De nombreuses bonnes idées avaient été (donner).

**327** Même exercice.

    **a.** Ludovic et Sandrine sont (rester) chez eux.

    **b.** Valérie a (partager) son goûter avec Jennifer.

    **c.** Les informaticiens ont (tester) le nouveau programme.

    **d.** Nous sommes (repartir) aux Antilles.

    **e.** La cuisinière a (préparer) un plat de poisson.

    **f.** Les arbres ont été (déraciner) par la tempête.

    **g.** Les techniciens sont (arriver) ce matin et ont (réparer) les appareils défectueux.

    **h.** Les troupeaux sont (descendre) de la montagne et ont (regagner) les étables.

**328** Même exercice.

    **a.** Des chamois ont été (voir) près du village.

    **b.** Les jardiniers ont (planter) des fleurs devant la mairie.

    **c.** Les sentiers de randonnée sont (entretenir) par des personnes bénévoles.

    **d.** Avec les médicaments, la fièvre aura (baisser) dès ce soir.

    **e.** Les repas étaient (préparer) sur place.

    **f.** Les chèques seront (signer) dès demain.

    **g.** Les joueurs belges ont (gagner) le tournoi.

    **h.** Cette lettre a été (envoyer) hier.

    **i.** Hélène avait été (élire) « reine des vendanges ».

    **j.** Les vacanciers ont (oublier) leurs soucis !

## J E   T R A V A I L L E   S E U L ( E )

**L'exercice suivant est corrigé à la page 190.**

**329** Recopie les phrases suivantes en écrivant au participe passé les verbes entre parenthèses.

    **a.** Nous avions (compléter) notre collection de cartes postales.

    **b.** Maman a (acheter) des gâteaux qui ont été (dévorer) très rapidement !

    **c.** Quand les fautes sont (avouer), elles sont plus facilement (pardonner).

    **d.** Les serviettes sont (plier), puis (ranger) dans l'armoire de toilette.

    **e.** Ces coureurs ont (démarrer) trop tôt et ont été (rattraper) par le peloton.

    **f.** Ces machines avaient été (réparer) il y a une semaine mais elles sont encore (tomber) en panne !

    **g.** Nous avons (appeler) les pompiers et ceux-ci sont (intervenir) sans délai.

**P O U R   A L L E R   P L U S   L O I N**

Le participe passé utilisé avec l'auxiliaire avoir s'accorde en genre et en nombre avec le COD du verbe si celui-ci est placé avant le participe.

Ex.       Nous avons chanté.

        Nous avons chanté <u>une chanson</u>.

                        COD

        <u>La chanson</u> que nous avons <u>chantée</u> était de Georges Brassens.

          COD

**330** Recopie les phrases suivantes en écrivant au participe passé les verbes entre parenthèses.

   **a.** Au bord du marais, nous avons (observer) les canards.

   **b.** Les visiteurs ont (suivre) avec intérêt les explications du conférencier.

   **c.** J'ai (recevoir) ce matin la lettre que tu m'avais (expédier).

   **d.** Nous avons (cueillir) des cerises et nous les avons immédiatement (déguster) !

   **e.** Les livres que j'ai (choisir) ne te plairaient pas.

   **f.** Nos voisins nous ont (prêter) leur voiture.

   **g.** Vos renseignements nous ont bien (aider).

   **h.** Éloïse a (étudier) sa leçon et l'a (réciter).

   **i.** Les ornithologues ont (entendre) les sifflements et les ont immédiatement (identifier).

   **j.** La chanson qu'elle a (interpréter) a été écrite par Jean-Jacques Goldman.

**331** Même exercice.

   **a.** Mes parents ont (essayer) cette voiture puis l'ont (commander).

   **b.** La lettre que tu as (poster) n'était pas affranchie.

   **c.** Les ouvriers ont (dérouler) le ruban de chantier.

   **d.** Ils vous ont (écouter) et ils ont (conduire) prudemment.

   **e.** Les pêcheurs avaient (réparer) leurs filets puis les avaient (ranger) avec soin dans la cale du bateau.

   **f.** Les magazines que tu as (lire) ne traitent que de musique !

   **g.** Le concertiste avait (écouter) les enregistrements, les avait (critiquer) et avait (demander) une meilleure prise de son.

   **h.** Pendant la brocante, j'ai (revendre) presque tous les bibelots que j'avais (exposer).

# synthèse 5 ■

**332** Classe les groupes nominaux ci-dessous en deux colonnes : groupes nominaux singuliers et groupes nominaux pluriels.

des paillettes – le sol – une étiquette – des casques – mes enfants – notre dessin – cette perruque – la publicité – vos foulards – trois ampoules – plusieurs numéros – l'aventure – ta serviette.

**333** Mets chaque nom ci-dessous et son déterminant au pluriel.

une image                    un cheval
un fauteuil                  un métal
un métier                    un feu
un oiseau                    un bocal
un tableau                   un objectif

**334** Même exercice.

un clou                      une idée
une télévision               un canal
un manteau                   un travail
un cheveu                    un éventail
un verrou                    un chacal

**335** Même exercice.

un hibou                     un portail
un pied                      une cour
une noix                     un écureuil
un écrou                     un trou
un cardinal                  un carnaval

**336** Accorde chaque nom entre parenthèses avec le déterminant qui le précède, si c'est nécessaire.

ta (réunion)          quelques (pneu)       chaque (animal)
l'(alouette)          notre (choix)         leur (bijou)
cet (enfant)          des (gaz)             deux (œil)
ces (festival)        vos (genou)           tes (papier)
un (pou)              leurs (sou)           cinq (roman)
plusieurs (oiseau)    mes (genou)           les (débat)

**337** Accorde chaque adjectif entre parenthèses avec les différents noms proposés.

    **a.** (beau)        de ____ dessins – un ____ animal – une ____ écriture –
                                  de ____ aventures

    **b.** (artificiel)   un satellite ____ – des parfums ____ – une fleur ____ –
                                  des couleurs ____

    **c.** (difficile)    un programme ____ – des exercices ____ – une période
                                  ____ – quelques leçons ____

    **d.** (national)   un hymne ____ – des concours ____ – une fête ____ –
                                  des routes ____

**338** Écris les phrases ci-dessous en accordant les adjectifs entre parenthèses.

    **a.** Devant la mairie, les jardiniers (municipal) ont composé de magnifiques
        massifs (floral).

    **b.** Magali et Mélissa sont (timide) et très peu (démonstratif).

    **c.** Notre (prochain) réunion (officiel) aura lieu dans la (grand) salle qui
        domine le jardin (public).

    **d.** Pâques est une fête (chrétien), l'Aïd est une fête (musulman), Yom
        Kippour est une fête (juif).

    **e.** Cette invitation est (personnel) et tout à fait (confidentiel).

**339** Même exercice.

    **a.** La rue (principal) du village a été inondée par des pluies (torrentiel).

    **b.** Dans ce magasin, fleurs (tropical) et parfums (oriental) invitaient au
        voyage.

    **c.** Sous la (pâle) clarté de la Lune, les pentes (neigeux) prenaient un air
        (mystérieux).

    **d.** La candidate, (anxieux), attendait l'annonce (solennel) des résultats
        (définitif).

    **e.** Dans les massifs (provençal) se cache notre maison (familial).

**340** Accorde les adjectifs qualificatifs entre parenthèses avec les noms qu'ils qualifient.

**a.** (habituel)        un rendez-vous et une réunion _____.
**b.** (mural)           une tapisserie et un papier _____.
**c.** (amical)          un signe et un geste _____.
**d.** (important)       une découvert et une avancée _____.
**e.** (sincère)         une amitié et un amour _____.
**f.** (intérieur)       un parking et une cour _____.
**g.** (noir)            des robes et des jupes _____.
**h.** (subtil)          une pensée et une remarque _____.
**i.** (glacial)         une journée et une nuit _____.
**j.** (politique)       une réunion et un débat _____.
**k.** (inespéré)        une note et une récompense ____.

**341** Accorde chaque adjectif ou participe passé entre parenthèses avec le groupe nominal qu'il qualifie.

**a.** (Affaibli) par leur longue sortie, les cyclistes ralentissaient l'allure.
**b.** (Acclamé) par le public, le groupe de musiciens revient sur scène.
**c.** (Indécis), (incapable) de se décider, les fillettes attendaient encore devant la boulangerie.
**d.** (Gracieux) et (aérien), les deux artistes (féminin) évoluaient sur un fil tendu.
**e.** (Naturel) et (pétillant), cette eau (minéral) est appréciée pour ses qualités (digestif).

**342** Écris les phrases ci-dessous en conjuguant les verbes au présent de l'indicatif.

**a.** Plusieurs péniches navigu____ sur le canal.
**b.** Un groupe de touristes photographi____ la cathédrale.
**c.** Ta veste et ton imperméable encombr____ le dossier de la chaise.
**d.** Des millions de flocons de neige virevolt____ au-dessus de la plaine.
**e.** Quelques canards et un couple de cygnes gliss____ sur l'étang.
**f.** Sous la toiture nich____ quelques hirondelles.
**g.** Avec ses grimaces et ses facéties, le clown Zaramella surpren____ les enfants et les amus____ énormément.
**h.** Monsieur Meunier achèt____ un bouquet de roses et l'offr__ à sa femme.
**i.** Gérard et Mathilde pratiqu____ la musculation et la course à pied.
**j.** Cette formule ne nous arrang____ pas.

**343** Écris les phrases ci-dessous en conjuguant les verbes entre parenthèses à l'imparfait de l'indicatif.

  **a.** (tenir) Les volets, rongés par la rouille, ne ____ plus que par miracle.

  **b.** (donner – demander) Tu leur ____ le renseignement qu'ils te ____.

  **c.** (être) Les vitres de la véranda ____ sales.

  **d.** (nettoyer – préparer) Le viticulteur ____ ses vignes et les ____ pour la saison prochaine.

  **e.** (serpenter) Sous ce massif ____ des rivières souterraines.

  **f.** (se regrouper) Les moutons, sentant monter l'orage, ____ dans un endroit abrité.

  **g.** (suivre) Mathieu, Romain et le petit Baptiste ____ attentivement le documentaire sur les loups.

  **h.** (inventer – raconter) L'oncle Sylvain ____ des histoires et les ____ devant ses neveux émerveillés.

**344** Écris les phrases ci-dessous en conjuguant les verbes entre parenthèses aux temps demandés de l'indicatif.

  **a.** Je (**nettoyer** – présent) mes chaussures de football et je les (**glisser** – présent) dans mon sac de sport.

  **b.** Quand tu (**atteindre** – futur simple) le pont sur la rivière, au même instant t'(**apparaître** — futur simple) les premières maisons du village.

  **c.** Les responsables du chantier (**préparer** – présent) une déviation et (**faire** – futur simple) installer, dès demain, la signalisation nécessaire.

  **d.** Il (**copier** – présent) toutes tes disquettes et te les (**rendre** – présent).

  **e.** Au cœur de la Papouasie (**vivre** – imparfait) encore quelques tribus primitives.

**345** Recopie les phrases ci-dessous en écrivant la terminaison des participes passés.

  **a.** Ils ont échang____ leurs livres.

  **b.** Ces livres ont été échang____.

  **c.** Ils ont coup____ des fleurs.

  **d.** Ces fleurs sont coup____ par les jardiniers.

  **e.** Les fleurs ont été coup____ par les jardiniers.

  **f.** Les cartons ont été descend____ à la cave.

  **g.** Elles sont descend____ à la cave avec les cartons.

  **h.** Elles ont descend____ les cartons à la cave.

  **i.** Ils ont écri____ une carte amusante.

  **j.** La carte a été écrit____ d'une façon amusante.

**346** Recopie les phrases ci-dessous en écrivant les participes passés des verbes à l'infinitif.

**a.** Les enfants sont (sortir) dans la cour.

**b.** Vanessa a (couper) quelques fleurs dans le jardin.

**c.** Les mécaniciens ont (réparer) la voiture.

**d.** Pendant la tempête, plusieurs bateaux avaient (rompre) leurs amarres.

**e.** Ces chiens ont été (tenir) en laisse.

**f.** Après le match, les joueurs ont (empiler) leurs maillots sur la table.

**g.** Nous avons (voir) la tour Eiffel.

**h.** Les acteurs ont (saluer) le public.

**i.** Les principaux concurrents sont (partir) les premiers.

**j.** Toutes les étagères sont été (garnir) de bibelots

**347** Même exercice.

**a.** L'eau de la fontaine a (geler) durant la nuit.

**b.** Après l'exposition canine, la salle sera (désinfecter).

**c.** La brise a nettement (faiblir), les bateaux sont presque (immobiliser).

**d.** Nous vous avons (expédier) un colis.

**e.** Ces lacs sont (situer) dans les Alpes.

**f.** Les meubles ont été (restaurer) par un antiquaire.

**g.** Catherine avait (enregistrer) un message amusant sur son nouveau répondeur téléphonique.

**h.** En raison de violents orages, ces deux rivières ont (quitter) leur lit.

**i.** Barbara a (égarer) ses papiers d'identité.

**j.** Ces hangars sont (bâtir) sur d'anciennes carrières.

**k.** Les fiches de renseignements ont été (remplir) avec soin.

# V - Exprimer

# la négation ■

**348** Recopie les phrases ci-dessous. Souligne les mots exprimant la négation.

    **a.** Je ne veux rien.
    **b.** Mes parents n'ont pas assisté au spectacle.
    **c.** Nous n'avons vu personne.
    **d.** Certains oiseaux ne supportent pas les températures trop basses.
    **e.** N'oubliez pas d'apprendre vos leçons.
    **f.** Ces arbres n'ont jamais donné de fruits.
    **g.** Il n'y a personne dans cette salle.
    **h.** Je n'ai eu aucune nouvelle de nos amis pendant les vacances.
    **i.** Ne sortez surtout pas sous la pluie.
    **j.** Hier, je n'ai rien voulu acheter.

**349** Transforme les phrases ci-dessous en phrases négatives.

    **a.** Le médecin arrivera vers 22 heures.
    **b.** J'attends quelqu'un.
    **c.** Il reste quelque chose dans le réfrigérateur.
    **d.** Pierre et Ludovic iront au cinéma sans leurs parents.
    **e.** Les chiens se firent entendre dans la nuit.
    **f.** Il m'a répondu quelque chose de méchant.
    **g.** Françoise se sert la plus grosse part de gâteau ; elle est gourmande.
    **h.** Je prends beaucoup de plaisir à faire ces mots croisés.
    **i.** Les jeunes enfants sortent souvent.
    **j.** Il y avait quelqu'un derrière la porte.

**350** Même exercice. Attention aux temps composés !

    **a.** Les élèves ont récité leur poésie ce matin.
    **b.** Sur la table de chevet, la lampe avait été éteinte.
    **c.** Les deux amis avaient déjà visité ce monument ; il leur en restait quelques souvenirs.
    **d.** Hervé se sera précipité pour l'aider ; il lui aura tendu la main et l'aura sorti de ce mauvais pas.
    **e.** Le courage leur avait souvent manqué.
    **f.** Il a photographié toutes les personnes présentes.
    **g.** Ils auront certainement rencontré quelqu'un sur le chemin du retour.
    **h.** Les feuilles avaient encore été ramassées.
    **i.** Quelques nomades auraient, peut-être, décidé de changer de vie.

**351** Réponds aux questions en utilisant la forme négative.
  **a.** Vois-tu le soleil se coucher derrière la colline ?
  **b.** Ce vieux meuble vaut-il encore quelque chose ?
  **c.** Le Japon est-il un pays d'Europe ?
  **d.** Les arbres ont-ils tous perdu leurs feuilles ?
  **e.** Marie et toi, avez-vous rencontré quelqu'un ?
  **f.** Fait-elle toujours sécher son linge à l'extérieur ?
  **g.** Les enfants croyaient-ils devoir se lever tôt ?
  **h.** Nous tromperons-nous encore de chemin ?
  **i.** Les gendarmes se sont-ils emparés des voleurs ?
  **j.** Les moutons ont-ils tout mangé ?

**352** Transforme les phrases suivantes, de type impératif, selon l'exemple.
  Ex. Demande à Jean de ne pas aller le voir : Jean, ne vas pas le voir.

  **a.** Dis-lui de ne pas être bruyant.
  **b.** Demande à Marie de ne pas partir maintenant.
  **c.** Demande-nous de ne pas rire.
  **d.** Propose à Sylvie de ne pas porter de pantalon.
  **e.** Dis à papa de ne plus le réveiller si tôt.
  **f.** Dis-lui de ne pas arriver après 18 heures.

**353** Même exercice.

  **a.** Conseille-lui de ne pas avoir de mauvaises notes.
  **b.** Suggère-leur de ne pas être là trop tôt.
  **c.** Dis à Jim de ne plus le taquiner.
  **d.** Demande-moi de ne pas te les envoyer.
  **e.** Suggère à François de ne pas la leur rendre.
  **f.** Demande à Aude de ne pas en parler avant demain.

**354** Réponds aux questions en transformant les phrases actives en phrases passives et en utilisant la forme négative.
  Ex. Le policier a-t-il interrogé le malfaiteur ?
      Le malfaiteur n'a pas été interrogé par le policier.

  **a.** Les jeunes enfants ont-ils regardé ce film ?
  **b.** Le berger a-t-il conduit le troupeau à l'abri ?
  **c.** Maman a-t-elle lavé les vêtements sales ?
  **d.** L'ouragan a-t-il ravagé les récoltes ?
  **e.** Daniel a-t-il repeint la porte ?
  **f.** Tous les enfants ont-ils fait les exercices ?

# l'interrogation

Les phrases de type interrogatif posent une question.

À l'écrit, ces phrases se terminent par un point d'interrogation.

Pour poser une question, on peut utiliser :

| | |
|---|---|
| 1. l'intonation (à l'oral) | Tu manges ? |
| 2. le sujet inversé | Manges-tu ? |
| 3. « Est-ce que ? » | Est-ce que tu manges ? |
| 4. Les mots interrogatifs | Quand manges-tu ? Que manges-tu ? |

**355** Recopie les phrases ci-dessous. Relie les questions avec les réponses.

| | |
|---|---|
| Où vas-tu ? | Non, elles sont habillées chaudement. |
| Quand iras-tu chez tes cousins ? | Au cinéma. |
| Pourquoi est-il puni ? | Oui, elles sont parties de bonne heure. |
| Ont-elles froid ? | Parce qu'il n'a pas fait ses devoirs. |
| Arriveront-elles à l'heure ? | Dimanche prochain. |
| Avec qui déjeune-t-on ? | Non, il est méchant. |
| Que faites-vous ? | Non, elle est toujours en panne. |
| À quelle heure dînes-tu ? | Avec des amis. |
| Marc est-il gentil ? | Notre travail. |
| La voiture est-elle réparée ? | À 19 h 30. |

**356** Même exercice.

| | |
|---|---|
| A-t-il faim ? | Non, il est apprivoisé. |
| Cet écureuil est-il farouche ? | Pour, être à l'heure. |
| Aimes-tu les chiens ? | Parce qu'elle est heureuse. |
| Pourquoi partez-vous plus tôt ? | Un peu. |
| Irez-vous en Angleterre par | Je préfère les chats. |
| le tunnel sous la Manche ? | |
| Quand reviendrons-nous ? | En fin de semaine. |
| Pourquoi chante-t-elle ? | Non, nous resterons en France. |
| Vendrons-nous notre voiture ? | Non, il est chez le réparateur. |
| Peux-tu me prêter un jeu vidéo ? | Avec mon professeur. |
| Son magnétoscope fonctionne-t-il ? | Si maman le veut bien. |
| Avec qui parlais-tu ? | Oui, afin d'en acheter une plus grande. |

**357** Interroge un camarade en lui posant des questions à l'aide de chacun des mots suivants:

où – quand – comment – pourquoi – qui.

**358** Transforme les phrases déclaratives en phases interrogatives, selon l'exemple suivant.
Ex. Tu marches très vite. Tu marches très vite?
Marches-tu très vite? Est-ce que tu marches très vite?

**a.** Il rêve d'être riche.
**b.** Nous voudrions un ordinateur pour Noël.
**c.** Vous faisiez beaucoup de sport.
**d.** Les pompiers se dirigent vers l'incendie.
**e.** Le skieur filait vers la victoire.

**359** Même exercice.

**a.** Marine est en première année à l'université.
**b.** Les pilotes se plaignaient du mauvais temps.
**c.** L'électricien vérifiera tous les branchements.
**d.** Je prendrai mon temps.
**e.** Sylvain et Sébastien préparent un exposé.

**360** Pose des questions à l'aide de chacun des mots suivants.
qui – avec qui – comment – pourquoi – combien.
quel – quels – quelle – que – où.

**361** Pose des questions pour demander:

**a.** à un camarade s'il aime le chocolat noir.
**b.** à votre instituteur s'il y a classe samedi prochain.
**c.** à ton père s'il jouera au football avec toi cet après-midi.
**d.** à ta sœur si elle a bien programmé le magnétoscope pour enregistrer le film de la soirée.
**e.** à un voisin où il part en vacances cette année.

**362** En n'oubliant pas les formules de politesse lorsque c'est nécessaire, pose de deux façons différentes une question pour:

- **a.** demander le chemin de la mairie.
- **b.** demander à ton camarade si ce livre est intéressant.
- **c.** demander l'heure.
- **d.** connaître le mot de passe de l'ordinateur de ton père.
- **e.** demander à ton cousin de te prêter sa console de jeux.

**363** Pose les questions suivantes d'une autre manière.

- **a.** Tu viens faire du VTT avec moi?
- **b.** Il veut bien me faire réciter mes leçons?
- **c.** Tu sais où se trouve la ville de Tokyo?
- **d.** Votre chat est angora?
- **e.** Nous ferons une grande randonnée ce week-end?

**364** Voici des réponses. Retrouve les questions qui ont pu être posées.

- **a.** L'exercice est dans ce livre.
- **b.** C'est Caroline qui a gagné le cross des élèves de CM2.
- **c.** Le 8 octobre, au soir, nous serons en vacances.
- **d.** Grégory s'est blessé sur les rochers.
- **e.** Cet hiver, nous irons aux sports d'hiver à Megève.
- **f.** J'ai eu une très bonne note en histoire.
- **g.** Le plus haut sommet des Alpes est le mont Blanc, qui culmine à 4 807 m.
- **h.** Mercredi, elles iront à la danse en vélo.
- **i.** Mon prénom est Sylvia.
- **j.** J'ai appris la nouvelle par mon cousin.

**365** À l'aide des mots interrogatifs en gras, pose la question correspondant à chacune des réponses ci-dessous.
Ex. Le marin retourne au port. Où le marin retourne-t-il ?

**a.** La fête a lieu au château. **Où** _____ ?
**b.** Aurélie passe par la rue des Érables. **Par où** _____ ?
**c.** Il est 4 heures. **Quelle** _____ ?
**d.** Ce soir, je vais au théâtre. **Quand** _____ ?
**e.** Il fabrique un cerf-volant avec du bambou. **Avec** _____ ?
**f.** Vous travaillez dans la résidence. **Où** _____
**g.** Nous viendrons vous rendre visite bientôt. **Quand** _____ ?
**h.** Il conduira lentement. **Comment** _____ ?
**i.** Tu allumeras le gaz avec le briquet. **Avec** _____ ?
**j.** Il a peint le tableau du salon. **Quel** _____ ?

**366** Voici des réponses. En utilisant « qui » ou « que », retrouve les questions qui ont pu être posées. (Les questions doivent porter sur l'expression en gras.)

**a.** J'observe **quelque chose** au loin.
**b.** Elle cache **quelque chose** dans sa main.
**c.** J'ai aperçu **quelqu'un** derrière le mur.
**d.** Nous attendons **quelqu'un** pour partir.
**e.** Il entend **quelqu'un** marcher.
**f.** Elle a aperçu **quelque chose** bouger dans le buisson.
**g.** J'ai vu **quelqu'un** sur la place de la mairie.
**h.** **Quelqu'un** vous répondra.
**i.** Sabrina et moi, avons vu **quelqu'un**.
**j.** Nicolas et toi, avez vu **quelque chose**.

**367** Utilise « quand », « qui », « qu'est-ce que », « avec qui » pour poser des questions correspondant à la phrase suivante.
Ex. Qui ira demain avec ta sœur voir le dernier film de Walt Disney ?

Demain, Marie ira avec ta sœur voir le dernier film de Walt Disney.

**368** Utilise « que », « où », « quand », « qui », « avec qui » pour poser des questions correspondant à la phrase suivante.

Le lundi soir, avec mes parents, nous mangeons souvent une pizza dans le restaurant de la galerie marchande.

**369** Utilise «qui», «où», «combien», «qu'est-ce que» pour poser des questions correspondant à la phrase suivante.

Dans ce vieux coffre, David a trouvé une dizaine de cartes postales de la première guerre mondiale.

**Les deux exercices suivants sont corrigés à la page 190.**

**370** Transforme les phrases déclaratives ci-dessous en phrases interrogatives selon l'exemple de l'exercice 358. Pour l'une des phrases, tu ne pourras faire que deux transformations. Pourquoi?

**a.** Nous apprendrons à utiliser la boussole.
**b.** Nathalie se souvient de sa chute.
**c.** Nous ne sommes que des amateurs.
**d.** Je prends la route qu'il m'a indiquée.
**e.** Ils seront les premiers servis.

**371** Pose la question correspondant à chacune des réponses ci-dessous.

**a.** C'est ma sœur qui a acheté les billets d'entrée.
**b.** Ce pain au chocolat coûte six francs.
**c.** Ma grand-mère a soixante-deux ans.
**d.** C'est avec Tony que j'ai joué au tennis.
**e.** Il prépare un tour d'Islande.

# l'interro-négation ■

Une phrase qui est à la fois interrogative et négative s'appelle une phrase interro-négative.

Ex.     Blandine n'a-t-elle pas répondu à ta lettre ?

**372** Recopie seulement les phrases négatives.

   **a.** Ne veux-tu pas venir avec nous ?
   **b.** Jérémy a-t-il pris son petit-déjeuner ?
   **c.** Nous partirons vers huit heures.
   **d.** Aimez-vous la musique de Beethoven ?
   **e.** Ses chaussures ne sont-elles pas trop petites ?
   **f.** Il faut être prudent pour traverser le carrefour.
   **g.** Le public n'était pas satisfait.
   **h.** Grand-mère n'a jamais fait de ski.
   **i.** Samuel ne prend pas souvent le train.
   **j.** C'est un guide très sympathique.

**373** Recopie seulement les phrases interrogatives.

   **a.** Tu n'arriveras jamais à l'heure !
   **b.** N'est-ce pas une histoire drôle ?
   **c.** Chaque jour, Olivia prend le bus.
   **d.** Avez-vous vos billets pour Marseille ?
   **e.** Le ciel demeure menaçant.
   **f.** Les touristes japonais visitent la basilique.
   **g.** Le TGV n'est-il pas le train le plus rapide du monde ?
   **h.** As-tu reçu un coup de téléphone ?
   **i.** Arrêtez de faire du bruit, s'il vous plaît !
   **j.** Taisez-vous !

**374** Dans les exercices 372 et 373, recopie les phrases interro-négatives.

**375** Écris les phrases interrogatives à la forme interro-négative.

**a.** Veux-tu écrire au tableau ?
**b.** Finirez-vous ce travail dans les temps ?
**c.** Sait-elle nager ?
**d.** Ce pilote de course est-il rapide ?
**e.** Médor obéit-il à son maître ?
**f.** Est-ce Christophe Colomb qui a découvert l'Amérique ?
**g.** Les Stéphanois ont-ils perdu le match ?
**h.** Avez-vous entendu ce drôle de bruit ?
**i.** Le navire est-il amarré au quai ?
**j.** S'est-il calmé depuis la dernière fois que je l'ai vu ?

**376** Même exercice.

**a.** La lettre que j'ai reçue vient-elle de New York ?
**b.** Le skieur dévale-t-il la pente ?
**c.** Les alpinistes sont-ils partis sans le guide ?
**d.** Le satellite a-t-il repéré les naufragés ?
**e.** Arriverons-nous au refuge avant la nuit ?
**f.** Ton séjour à la montagne s'est-il bien déroulé ?
**g.** Avez-vous eu beaucoup de neige ?
**h.** Les pistes étaient-elles encombrées ?
**i.** Pourrai-je reprendre le télésiège encore une fois ?
**j.** Partirons-nous ensemble en excursion ?

**377** Écris les phrases suivantes à la forme interro-négative.

**a.** L'unité centrale de mon ordinateur est en panne.
**b.** Le dépanneur va arriver.
**c.** C'est un technicien habile et consciencieux.
**d.** Il est souhaitable d'avoir une imprimante.
**e.** Le travail est alors rapidement effectué.
**f.** La présentation est très soignée.
**g.** Tu as le temps de t'appliquer.
**h.** Les petits Japonais ont moins de vacances que nous.
**i.** Les hommes naissent libres et égaux en droits.
**j.** La bouteille d'eau est cassée.

**378** Même exercice.

    **a.** Une éclipse de Lune va bientôt avoir lieu.
    **b.** Ces photos sont très anciennes.
    **c.** Un jour, les robots auront la parole.
    **d.** L'eau minérale est bonne pour la santé.
    **e.** Tu écoutes toujours le même disque.
    **f.** Le mammouth est un cousin de l'éléphant.
    **g.** Emporte un couteau de poche en randonnée.
    **h.** L'églantine est une rose sauvage.
    **i.** Les Esquimaux vivent surtout de pêche et de chasse.
    **j.** Tu m'expédieras un colis.

**379** Mets les phrases interrogatives suivantes à la forme interro-négative (varie les négations utilisées : ne… pas, ne… point, ne… jamais, ne… rien, ne… plus).

    **a.** Est-ce lui qui repart ?
    **b.** Cours-tu plus vite que lui ?
    **c.** Le lion poursuit-il sa proie ?
    **d.** Pleut-il encore ?
    **e.** A-t-on bien mangé dans ce restaurant ?
    **f.** Le jardinier avait-il bien arrosé les fleurs ?
    **g.** Mange-t-il ?
    **h.** Avez-vous toujours froid ?
    **i.** Êtes-vous satisfait de ces résultats ?
    **j.** Avait-il oublié notre rendez-vous ?

**380** Même exercice.

    **a.** Serez-vous à l'heure à notre rendez-vous ?
    **b.** Serons-nous en retard ?
    **c.** Aimez-vous le basket-ball ?
    **d.** Es-tu à l'aise dans tes nouvelles chaussures ?
    **e.** Le menuisier a-t-il fini de raboter la porte ?
    **f.** Le renard s'est-il encore enfui ?
    **g.** Molière fut-il un grand écrivain du XVII$^e$ siècle ?
    **h.** Le ciel est-il dégagé ?
    **i.** Comprends-tu bien mes questions ?
    **j.** Revois-tu souvent Marie ?

**J E   T R A V A I L L E   S E U L ( E )**

**Les deux exercices suivants sont corrigés à la page 190.**

**381** Écris les phrases suivantes à la forme interro-négative.

> **a.** Les écologistes exigent l'abandon de la construction de cette centrale nucléaire.
> **b.** Monsieur Dunez est tombé dans une flaque d'eau.
> **c.** Notre équipe avait perdu la partie.
> **d.** Il lui a offert une bague.
> **e.** Mon nouveau stylo écrit très fin.
> **f.** Tes amis ne partent plus aux Antilles.
> **g.** Jean-Philippe a terminé son roman.
> **h.** Papa finissait de tondre la pelouse.
> **i.** Patrick est passé en quatrième.
> **j.** Les Parisiens seront les premiers arrivés sur le terrain.

**382** Même exercice.

> **a.** Béatrice et Valérie n'arriveront jamais à l'heure.
> **b.** Une des vitres de la classe est brisée.
> **c.** La porte de l'armoire était ouverte.
> **d.** Le vent l'a complètement décoiffé.
> **e.** Vanessa ne supporte pas les autres.
> **f.** La banquise s'entrouvre.
> **g.** Sophie, Martin et Gaétan adorent les éclairs au chocolat.
> **h.** J'ai oublié mes lunettes sur le bureau.
> **i.** Le magnétoscope de l'école était en panne.
> **j.** La piscine restera ouverte le soir, jusqu'à 10 h.

# l'exclamation ■

La phrase exclamative indique un sentiment particulier : la passion, le dégoût, la joie, la tristesse…

Elle peut être construite sur le modèle d'une phrase déclarative (Ce chien est enragé !), sur le modèle d'une phrase interrogative (Quelle aventure avez-vous vécue !) ou sur un modèle particulier (En voilà des façons ! Quel courage !).

**383** En ne modifiant que la ponctuation, transforme les phrases ci-dessous en phrases exclamatives, puis lis-les en leur donnant l'intonation convenable.

**a.** Je n'étais pas prévenu.
**b.** Maintenant, elle s'intéresse au football.
**c.** Où as-tu rangé ton vélo, encore ?
**d.** Quelle histoire avez-vous inventée ?
**e.** Vous mangez avec les doigts.

**384** Relève, dans la liste entre parenthèses, le sentiment exprimé par la phrase exclamative.

**a.** Le niveau de l'eau monte !    (la tristesse – la passion – la peur)
**b.** Tu t'actives un peu !    (la joie – l'impatience – la tendresse)
**c.** Vous avez intérêt à l'apprendre !   (une mise en garde – une protestation – une inquiétude)
**d.** Incroyable !    (la peur – la stupéfaction – le dégoût)
**e.** Voilà une décision scandaleuse !   (la joie – l'impatience – la colère)

**385** Transforme les phrases déclaratives ci-dessous en phrases exclamatives, selon l'exemple suivant.
Ex. Pierre se lave les mains. – Tu te laves les mains, Pierre !
    – Pierre, tu te laves les mains !

**a.** Antoine et sa sœur se promènent.
**b.** Virginie joue au rugby.
**c.** Monsieur Robert change de voiture.
**d.** Caroline lui prête un crayon.
**e.** Stéphane et Luc portent un costume.
**f.** Juliette a été reçue à l'examen.
**g.** Fabrice n'a pas encore répondu à l'invitation.

**386** Transforme les phrases déclaratives ci-dessous en phrases exclamatives, selon l'exemple suivant.

Ex. Elle est sage. – Comme elle est sage !
                – Qu'elle est sage !
                – Quelle sagesse !

**a.** Il est courageux.                    **d.** Elles sont joyeuses.
**b.** Ils ont de la chance.                 **e.** Je m'amuse.
**c.** Tu es déçu.                           **f.** Ils sont jeunes.

**387** Même exercice.

**a.** Marie est gourmande.                  **d.** Vous vous comprenez bien.
**b.** Tu es attentif.                       **e.** Nous nous entendons bien.
**c.** Il semble très décontracté.           **f.** Pascal est très patient.

**388** En utilisant «que» ou «comme», transforme les phrases déclaratives ci-dessous en phrases exclamatives.

Ex. Vincent est grand. – Que Vincent est grand !
                     – Comme Vincent est grand !

**a.** Cette valise est lourde.
**b.** Le temps semble orageux.
**c.** Ce problème me donne du mal.
**d.** Les visiteurs sont nombreux aujourd'hui.
**e.** Cet homme paraît âgé.

**389** Recopie seulement les phrases exclamatives.

**a.** En voilà des façons !                 **f.** Mais… c'est une bombe !
**b.** Reste ici !                           **g.** Ne te lève pas sans cesse !
**c.** Qui a posé cette question ?           **h.** Quelle solution est la bonne ?
**d.** Le Soleil apparaît.                   **i.** Je vous l'avais bien dit !
**e.** Bizarre, vraiment bizarre !           **j.** Silence !

**390** Transforme les phrases déclaratives en phrases exclamatives selon l'exemple suivant.

Ex. Cette affaire est impossible à classer. Voilà une affaire inclassable !

**a.** Cette réponse est impossible à comprendre.

**b.** Cette histoire est impossible à croire.

**c.** Cette faute était impossible à voir.

**d.** C'est un obstacle que l'on ne peut contourner.

**e.** Ce film est totalement sans intérêt.

### J E   T R A V A I L L E   S E U L ( E )

L'exercice suivant est corrigé à la page 191.

**391** Dans le texte ci-dessous, tous les points ont été remplacés par un cercle. Replace la ponctuation manquante. (Indication : il y a cinq points d'exclamation.)

– Alors, demanda Georges, il est parti O

– Oui, il est parti, avoua François… Qu'il aille au diable O

– Et son vélo O

François haussa les épaules O

– Il l'a laissé… Bon sang, tout ça devait arriver O

– Qu'allons-nous faire maintenant O

– Je ne sais pas O Nous n'avons pas beaucoup de solutions O

François regarda par la fenêtre O Après un long moment de silence, il se retourna vers son frère O

– Et puis, tant pis O Je crois que maintenant la seule chose à faire est d'attendre O

Georges sourit O

– Malheureusement… Oui O Alors, parbleu, attendons O

# synthèse 6 ■

**392** Transforme les phrases déclaratives ci-dessous en phrases interrogatives, selon les deux exemples suivants.

Ex. Vous visiterez Lisbonne.
   Est-ce que vous visiterez Lisbonne ?
   Visiterez-vous Lisbonne ?

**a.** Les journalistes ont relaté longuement cet événement.
**b.** Il te donne rendez-vous devant le cinéma.
**c.** La façade du bâtiment sera nettoyée au début de l'an prochain.
**d.** Elles répondent à notre place.
**e.** Samuel saura répondre à cette question.

**393** Complète la question correspondant à chacune des réponses.

**a.** Mes cousins arriveront demain. Quand ____ ?
**b.** Je ne peux te proposer qu'une seule réponse. Combien ____ ?
**c.** Nous avons gagné ces deux récompenses : un diplôme et une médaille. Quelles ____ ?
**d.** J'irai au stade avec Anthony. Avec qui ____ ?
**e.** Il ne sait pas ce qu'elle voulait dire. Que ____ ?

**394** Pose une question pouvant correspondre à chacune des réponses suivantes.

**a.** Je pense partir au Canada par cet organisme.
**b.** Pas avant huit heures.
**c.** Cette cathédrale date du XIVᵉ siècle.
**d.** Nous avons découvert cette histoire par le plus grand des hasards.
**e.** C'est un Suisse totalement inconnu qui a remporté cette course cycliste.

**395** Trouve le plus de questions possibles qui pourraient avoir les phrases ci-dessous comme réponses.

    **a.** Dans deux heures, Laura répondra aux questions du jury.

    **b.** Martine et Didier ont organisé ce rallye touristique.

**396** Transforme les phrases ci-dessous à la forme interro-négative.

    **a.** Daniel enregistre ces quelques modifications.

    **b.** Armelle n'a jamais trouvé de travail en province.

    **c.** La situation risque de se dégrader rapidement.

    **d.** Le train est le mode de transport le plus sécurisant.

    **e.** Votre frère a-t-il toujours du mal à parler en public ?

**397** Transforme les phrases ci-dessous à la forme interro-négative en utilisant les négations demandées.

    **a.** Ne… plus    Éloïse vient régulièrement à la bibliothèque.

    **b.** Ne… jamais    Sandrine sera sélectionnée dans l'équipe de judo de la ville.

    **c.** Ne… point    Ils écoutent les conseils.

    **d.** Ne… pas    Je serai en retard.

**398** Transforme les phrases ci-dessous en phrases exclamatives selon l'exemple suivant.

    Ex.  Ils sont patients. – Qu'ils sont patients !

          Comme ils sont patients ! – Quelle patience !

    **a.** Elles sont persévérantes.    **d.** Il est très énervé.

    **b.** Tu t'entends bien avec elle.    **e.** Patrick est descendu rapidement.

    **c.** Vous vous amusez bien.    **f.** Elle aime jouer.

**399** Dans le texte ci-dessous, la ponctuation a été remplacée par des cercles bleus. Recopie ce texte et place les signes de ponctuation (et les majuscules). Il manque deux virgules, un point, un deux-points et trois points d'exclamation.

Chez nous **O** la technique nous laisse oublier le luxe que représente une eau de qualité servie en abondance à nos robinets **O** que de négligence vis-à-vis de ce bien précieux **O** que de gaspillage **O** que de pollutions **O** Si au moins le prix de l'eau pouvait servir à cela **O** aider à prendre conscience **O**

           N. Hulot, extrait de l'éditorial de la *Lettre d'information*, n° 6, mars 1996,
           de la fondation N. Hulot pour la nature et l'homme.

# utiliser les pronoms personnels ■

Un pronom personnel remplace un nom ou un groupe du nom. Il en évite souvent la répétition.

Ex.        Pierre parle à Élise et Élise répond à Pierre.
           Pierre parle à Élise et elle lui répond.

**400** Réécris les phrases ci-dessous en utilisant des pronoms personnels pour éviter les répétitions.

  **a.** Jacques a lu un livre et maintenant Jacques range le livre.
  **b.** Nadège prépare un nouveau dessert et Nadège goûte le nouveau dessert.
  **c.** Les touristes découvrent les îles grecques et les touristes apprécient beaucoup les îles grecques.
  **d.** Papa sort la voiture du garage et range la voiture le long du trottoir.
  **e.** Quand le loup aura repéré sa proie, le loup suivra sa proie et tuera sa proie.

**401** Même exercice.

  **a.** Jonathan lave la vaisselle, puis Jonathan essuie la vaisselle.
  **b.** Sophie coupe quelques roses puis dispose ces roses dans un vase.
  **c.** Le vétérinaire a soigné le faucon puis le vétérinaire a relâché le faucon.
  **d.** J'aime ce pays ; je me rendrai dans ce pays l'an prochain.
  **e.** Cette proposition est intéressante ; je te parlerai plus longuement de cette proposition demain.

**402** Réécris les phrases ci-dessous en remplaçant chaque nom ou groupe nominal en gras par un pronom personnel.
Ex : Marc bavarde avec **sa sœur**. Marc bavarde avec **elle**.

  **a.** Il s'entend bien avec **son frère**.
  **b.** Il s'entend bien avec **Étienne et Émeric**.
  **c.** Tu partages ton goûter avec **Francine**.
  **d.** Nous logeons avec **nos parents**.
  **e.** Elle joue avec **Paul et moi**.
  **f.** Ils se chamaillent avec **Nadège et Karine**.
  **g.** Vous vous félicitez avec **les autres concurrents**.
  **h.** Patrice sort avec **ses deux sœurs**.
  **i.** Stéphane se promène avec **Lydia et Samuel**.
  **j.** Antoine part en vacances avec **son cousin**.

**403** Même exercice.

    **a.** Il offre un livre **à son neveu**.

    **b.** Elle propose un voyage **à David**.

    **c.** Annie répond poliment **à ses parents**.

    **d.** Florencia rend son dictionnaire **à sa voisine**.

    **e.** Un groupe de promeneurs demande son chemin **à un agriculteur**.

    **f.** En cas de bons résultats, on promet une récompense **aux joueurs**.

    **g.** Dans la cohue, je n'avais pas vu **Philippe et Sonia**.

    **h.** Pendant ton absence, je garderai **ton chien**.

    **i.** Les pilotes réclament une amélioration de la sécurité **au responsable de la course**.

    **j.** Maman achète de nouvelles chaussures **pour Estelle et Sabrina**.

**404** Complète les phrases ci-dessous par le seul pronom personnel correct de la liste proposée.

Ex. Il ___ regarde    toi – me – je : Il **me** regarde.

| | |
|---|---|
| **a.** Vous ___ entendez. | **a.** les – elle – te |
| **b.** Il s'occupe de ___. | **b.** je – elle – nous |
| **c.** Je ___ pardonne. | **c.** se – vous – tu |
| **d.** ___ nous gronde. | **d.** tu – moi – il |
| **e.** Elles ___ reconnaissent. | **e.** la – ils – toi |
| **f.** Il ne faut pas toujours penser à ___. | **f.** me – soi – je |
| **g.** Tu ___ réponds. | **g.** moi – leur – se |
| **h.** Vous nous ___ montrez. | **h.** me – se – les |
| **i.** Elle ___ explique. | **i.** nous – je – le |
| **j.** Je les ___ enverrai. | **j.** moi – eux – lui |

**405** Modifie les phrases suivantes en remplaçant le nom ou le groupe nominal en gras par un pronom personnel. Tu peux avoir deux groupes à remplacer.
Ex. **Élise** regarde **son frère** dessiner. **Elle le** regarde dessiner.

a. J'entends **les enfants** crier.
b. **Serge et Julien** découvrent un trésor.
c. Je vois **le facteur** passer.
d. **Pierre et moi** admirons **ce champion**.
e. **Betty et toi** regardez la télévision.
f. **Aline** achète **des fruits**.
g. **Loïc et sa sœur** retournent **aux Antilles**.
h. **De nombreuses personnes** parlent **de cette histoire**.
i. **Jacques Cartier** a pris possession **du Canada**.

**406** Même exercice.

a. **Michel** cherche **son ballon** dans les buissons.
b. **Caroline et ses amies** trouvent **Vincent et Éric** stupides.
c. Claude rendra **le dictionnaire à Camille**.
d. **Mathilde et moi** reprendrions bien **de ce gâteau**.
e. **Adeline et eux** ne comprennent rien **à cette histoire**.
f. Frédéric vient de voir **ce film**.
g. **Ma mère et mon oncle** attendent **mon père** à l'aéroport.
h. Natacha a distribué **les bonbons à Patrice, Hélène et moi**.
i. **Christophe** amuse **sa petite sœur** avec ses grimaces.
j. **Denis et elles** proposeront **à Nadège** de les accompagner.

**407** Transforme les phrases ci-dessous suivant l'exemple.
Ex. Il fait du vélo avec Gilles. Gilles et **lui** font du vélo.

a. Tu découvres la montagne avec tes parents.
b. Elle va au cinéma avec son amie.
c. Je me promenais avec ma mère.
d. Il se rend au concert avec Vanessa.
e. Vous cueillez des pommes avec son frère et sa sœur.
f. Ils prennent des vacances avec leurs cousins.
g. Je marche le long du canal avec mon chien.
h. Nous préparons les plantations avec le jardinier.
i. Elles parlent du projet de parc municipal avec le maire.
j. Tu construis une maquette d'avion avec ton père.

**408** Transforme chacune des phrases ci-dessous comme dans l'exemple.
Ex. Je suis concerné par cette histoire.
C'est moi qui suis concerné par cette histoire.
Cette histoire me concerne.

    **a.** Tu es amusé par ce film.
    **b.** Ils seront surpris par ta réponse.
    **c.** Vous êtes trahis par votre impatience.
    **d.** Nous étions dévorés par les moustiques.
    **e.** Elle sera servie en dernier par les cuisinières.

**409** Transforme les phrases ci-dessous comme dans l'exemple.
Ex. C'est à toi qu'il donne le livre. Il **te le** donne.

    **a.** C'est à vous qu'elle propose une réduction.
    **b.** C'est à moi que vous avancerez l'argent.
    **c.** C'est à eux que vous louerez l'appartement.
    **d.** C'est à lui que j'adresse ma demande.
    **e.** C'est à nous que tu empruntes cette voiture !
    **f.** C'est à toi qu'elles rapporteront un souvenir.
    **g.** C'est à eux qu'ils rendaient les clefs.
    **h.** C'est à moi que vous communiquerez la réponse.
    **i.** C'est à elles que le magasin offre ce cadeau.
    **j.** C'est à elle que j'enverrai nos inscriptions.

## JE TRAVAILLE SEUL(E)

**L'exercice suivant est corrigé à la page 190.**

**410** Modifie les phrases ci-dessous en remplaçant les noms ou groupes nominaux en gras par un pronom personnel.

    **a.** **Claudine** pardonne son erreur à **Jérémy**.
    **b.** **Morgane** emprunte **sa veste à Estelle**.
    **c.** **Patrick** demande un échantillon **au vendeur**.
    **d.** Pour sa fête, **Julien** offrira des fleurs **à sa mère**.
    **e.** **Nadège et Serge** demanderont une aide **au professeur**.
    **f.** **Le témoin** racontera **aux gendarmes** ce qu'il a vu.
    **g.** **Damien** cédera **sa place à son grand-père**.
    **h.** **Soizic et Yann** cachent **mon bonnet**.

# utiliser les pronoms démonstratifs et possessifs ■

Les pronoms démonstratifs sont :

Ce, celui, celle, ceux, celles, celui-ci, celui-là…

Ex.     Les supporters attendent un joueur. **Ce joueur** arrive enfin.

        Les supporters attendent un joueur ; **celui-ci** arrive enfin.

**411** Recopie les phrases ci-dessous et souligne les pronoms démonstratifs.

**a.** Vous avez soixante-dix ans, mais cela ne se voit pas.

**b.** Qui veut celui-là ?

**c.** Ceux qui sont en retard resteront sur le banc.

**d.** Je ne peux pas croire ce que vous me dites.

**e.** Puisque tu as oublié ton survêtement, je te prête celui-ci.

**f.** Tu prétends avoir raison, mais ceci reste à prouver.

**g.** Dans le doute, je signalerai plutôt celle-ci.

**h.** Parmi celles-là, je prendrai sûrement celle qui est devant.

**412** Même exercice. (Attention à ne pas confondre déterminant et pronom démonstratif.)

**a.** Ce proverbe est très ancien.

**b.** Vous me donnerez cette place et non pas celle-là.

**c.** Je voudrais connaître votre avis sur ce sujet.

**d.** Laquelle préférez-vous : celle-ci ou celle-là ?

**e.** Ceux qui sont grands s'installeront derrière.

**f.** Je ne sais pas ce que je ferai durant les prochaines vacances.

**g.** Ceci ne me concerne pas.

**413** Modifie les phrases suivantes en utilisant un pronom démonstratif afin d'éviter les répétitions.

Ex. La victoire de Bastien est méritée, la victoire de Simon est chanceuse.

    La victoire de Bastien est méritée ; **celle** de Simon est chanceuse.

**a.** La voiture de Paul n'est pas de la même couleur que la voiture de Jean.

**b.** Les élèves du CP iront à la piscine avec les élèves du CM2.

**c.** Ton ordinateur est-il plus puissant que cet ordinateur ?

**d.** Mes notes de dictée sont assez moyennes alors que les notes de dictée de Soizic sont excellentes.

**e.** De tous ces films, quel est le film que tu préfères ?

**414** Même exercice.

    **a.** Vos voisins sont-ils moins bruyants que les voisins de Cécile ?

    **b.** Observez ces deux oiseaux : cet oiseau-ci est très coloré, cet oiseau-là est tout noir.

    **c.** Écoutez les conseils de votre père ; n'écoutez pas les conseils de votre grand frère.

    **d.** Parmi toutes ces cartes postales sur la Bretagne, quelle est la carte postale que tu choisirais ?

    **e.** Le magazine de Solène est illustré de belles photos en couleur, mais le magazine de Maxime ne l'est pas.

**415** Recopie les phrases suivantes et complète-les avec un pronom démonstratif qui convient.

    **a.** Je choisis ce gâteau et je te laisse ____.

    **b.** Laisse d'abord parler ____ qui ont de l'expérience.

    **c.** ____ ne te regarde pas !

    **d.** Parmi toutes ces photos, ____ que je préfère, c'est ____.

    **e.** Il fallait écouter ____ que l'on te conseillait !

**416** Même exercice.

    **a.** N'achète pas ces cahiers, prends plutôt ____.

    **b.** Mais ____ est une autre histoire.

    **c.** Je ne veux pas de cette chambre ; je prendrai plutôt ____.

    **d.** Il ne faut pas croire tout ____ que l'on dit.

    **e.** Avec toutes ces cravates, tu as le choix ; ne porte pas toujours ____.

> **Les pronoms possessifs sont :**
> le mien, le tien, le sien, le nôtre, le vôtre, le leur, la mienne, la tienne, la sienne,
> les miens…, les nôtres…, les miennes…
> Ex.          Ce vélo est à vous. Ce vélo est **le vôtre**.
>              Ton livre est intéressant, mon livre est ennuyeux.
>              Ton livre est intéressant, **le mien** est ennuyeux.

**417** Complète les phrases suivantes selon l'exemple.
Ex. Mes cahiers, ce sont **les miens**.

a. Ta console, c'est _____.
b. Nos dessins, ce sont _____.
c. Mon chapeau, c'est _____.
d. Ma signature, c'est _____.
e. Leurs vacances, ce sont _____.
f. Tes crayons, ce sont _____.
g. Leur histoire, c'est _____.
h. Vos chiens, ce sont _____.
i. Son invention, c'est _____.

**418** Recopie les phrases ci-dessous et souligne les pronoms possessifs.
a. Puisque tu as oublié ton parapluie, je te prête le mien.
b. Vos voisins sont discrets alors que les nôtres sont très bruyants.
c. Ce livre abîmé n'est certainement pas le sien.
d. Mes plantes vertes ont mauvaise mine, mais les tiennes sont magnifiques.
e. Ta voiture est blanche, mais la leur est bleue.

**419** Recopie les questions suivantes, puis réponds en utilisant un pronom possessif, selon l'exemple.
Ex. Cette voiture est-elle à lui ? Oui, c'est **la sienne**.

a. Cette maison est-elle à eux ?
b. Ce téléphone est-il à nous ?
c. Ces classeurs sont-ils à elles ?
d. Cet ordinateur est-il à toi ?
e. Ces maisons sont-elles à vous ?
f. Cet appareil est-il à lui ?
g. Ces ordinateurs sont-ils à eux ?
h. Ce classeur est-il à elle ?
i. Cette moto et ce vélo sont-ils à vous ?

**420** Transforme les phrases ci-dessous en utilisant un pronom possessif, selon l'exemple.

Ex. Une serviette est sur la table ; elle est à toi.
Une serviette est sur la table ; c'est **la tienne**.

**a.** Un ballon est dans la cour ; il est à nous.
**b.** Un crayon est sur le bureau ; il est à lui.
**c.** Un gilet est au portemanteau ; il est à vous.
**d.** Une voiture est dans l'allée ; elle est à eux.
**e.** Des pièces sont dans ma poche, mais elles ne sont pas à moi.
**f.** Des journaux sont sur le canapé ; ils sont à elles.
**g.** Des notes sont affichées, mais elles ne sont pas à nous.
**h.** Des photos ont été égarées et elles sont à toi.
**i.** Une rédaction sera lue à haute voix et elle sera peut-être à elle.
**j.** Un baladeur a été oublié sur ce banc ; il est à moi.

**421** Transforme les phrases ci-dessous en utilisant un pronom possessif afin d'éviter les répétitions.

Ex. Ma voiture est petite, mais ta voiture est vraiment grande.
Ma voiture est petite, mais **la tienne** est vraiment grande.

**a.** Votre commune est urbaine ; notre commune est rurale.
**b.** Mon vélo est encore crevé ; peux-tu me prêter ton vélo ?
**c.** Ces joueurs de tennis ont déjà disputé deux sets ; chacun a gagné son set.
**d.** Ils ont perdu leur ballon, mais vous avez encore votre ballon.
**e.** Ton répondeur est débranché, mais leur répondeur est en service.
**f.** Leur encyclopédie est ancienne, alors que mon encyclopédie vient de paraître.
**g.** Tes parents sont beaucoup plus sévères que ses parents ou que nos parents.
**h.** Veux-tu que je te raconte mon aventure ou préfères-tu me raconter ton aventure ?
**i.** Ces albums de photos sont beaucoup plus volumineux que tes albums de photos.
**j.** Mes chaussures de tennis ne sont-elles pas plus confortables que leurs chaussures de tennis ?

**422** Écris une phrase avec chacun des pronoms possessifs suivants.

la nôtre, les leurs, la tienne, le mien, les vôtres.

**Les deux exercices suivants sont corrigés à la page 190.**

**423** Recopie les listes ci-dessous. Dans chaque colonne, relie le groupe nominal au pronom correspondant.

| | | | |
|---|---|---|---|
| cette découverte | celui-ci | ta montre | la mienne |
| ces garçons | celles-ci | nos amis | la nôtre |
| ce cheval | celle-ci | notre maison | les nôtres |
| ces vitrines | ceux-là | mon adresse | la tienne |

**424** Recopie les phrases ci-dessous, puis souligne en bleu les pronoms démonstratifs et en rouge les pronoms possessifs.

**a.** Tu garderas le mien et je prendrai celui-ci.

**b.** Ils ont si peu de retard que cela n'a pas d'importance.

**c.** Cette valise est usagée, alors je te prêterai mon sac de voyage.

**d.** Puisque tu n'aimes ni leurs gâteaux, ni les miens, tu prendras ceux qui resteront.

**e.** Ce qui est dans ma case n'est pas à toi.

**425** Modifie les phrases ci-dessous selon l'exemple, en utilisant un pronom démonstratif et un pronom possessif.

Ex. Il y a une cassette dans le magnétoscope ; elle est à toi.
  Celle qui est dans le magnétoscope, c'est **la tienne**.

**a.** Il y a des chaussettes sur le lit ; elles sont à moi.

**b** Il y a des bonbons sur la table ; ils sont à eux.

**c.** Il y a un comprimé sur le lavabo ; il est à elle.

**d.** Il y a des chaussons sous le lit ; ils sont à vous.

**e.** Il y a une scie sur l'établi ; elle est à lui.

# utiliser les pronoms relatifs ■

L'emploi du pronom relatif permet de ne pas répéter le nom antécédent.

Ex.   J'ai rangé mes crayons. Mes crayons étaient sur la table.

J'ai rangé mes <u>crayons</u>   **qui**   étaient sur la table.
          nom     pronom
       antécédent  relatif

Le pronom relatif introduit une proposition subordonnée relative.

Les pronoms relatifs sont :

qui, que, quoi, dont, où, lequel, auquel, duquel…

**426** Recopie les phrases suivantes, souligne les pronoms relatifs et mets une croix sous leur antécédent.

**a.** C'est un beau bijou qui ne perdra jamais de sa valeur.

**b.** Le médicament que vous prenez fera tomber la fièvre.

**c.** Le livre dont est tiré ce texte est un best-seller.

**d.** Je préfère rester à l'endroit où il y a de l'ombre.

**e.** Le spectacle auquel nous avons assisté était superbe.

**f.** Le concert auquel nous devions aller a été annulé.

**g.** C'est la ville où je suis né.

**427** Utilise un pronom relatif pour éviter les répétitions et ne faire qu'une seule phrase.

Ex. Il finit son exercice. Son exercice était difficile.

Il finit son exercice **qui** était difficile.

**a.** Samuel a cassé son robot. Son robot était tout neuf.

**b.** Pour les vacances, nous avons loué une villa. Cette villa est au bord de la mer.

**c.** J'ai reçu une lettre. Cette lettre était expédiée d'Amérique.

**d.** Mon père fume un cigare. Ce cigare vient de La Havane.

**e.** Le mécanicien répare la voiture. La voiture est en panne.

**428** Même exercice.

**a.** Nicolas regarde son chien. Son chien joue dans le jardin.

**b.** Tu répares la roue de ton VTT. La roue de ton VTT est crevée.

**c.** Maman a fait une tarte. Cette tarte est succulente.

**d.** L'avant-centre court après le ballon. Le ballon sort en touche.

**e.** J'ai lu un livre. Ce livre était passionnant.

**429** Supprime la répétition en utilisant le pronom relatif «que», comme dans l'exemple.

Ex. L'antiquaire expose un superbe vase. J'aimerais acheter ce superbe vase.
    L'antiquaire expose un superbe vase **que** j'aimerais acheter.

**a.** Donne-moi le marteau. Je t'ai prêté ce marteau.
**b.** Maman fait un gâteau. Je mange ce gâteau avec gourmandise.
**c.** Tu m'as apporté une cassette vidéo. Je visionnerai demain cette cassette vidéo.
**d.** Ma grand-mère m'a acheté un nouveau blouson. J'ai mis aussitôt ce nouveau blouson.
**e.** Le maître a relu l'exercice. Nous avons ensuite corrigé cet exercice.

**430** Recopie les phrases ci-dessous et complète-les par un des pronoms relatifs suivants : lequel, lesquels, laquelle, lesquelles.

**a.** Voici la disquette sur _____ il a enregistré son travail.
**b.** C'est le fusil avec _____ il a abattu ce sanglier.
**c.** Voilà les galeries par _____ il s'est échappé.
**d.** Tu as des amis sur _____ tu peux compter.
**e.** Il a une paire de lunettes avec _____ il voit bien de près.
**f.** La piste sur _____ il roule est toute bosselée.
**g.** Les rochers derrière _____ nous sommes nous protègent du vent.
**h.** Les eaux dans _____ nous pêchons foisonnent de truites.

**431** Transforme les phrases ci-dessous en utilisant le pronom relatif «où». Regarde l'exemple.

Ex. La classe était au bout du couloir. Nous y étions entrés.
   La classe **où** nous étions entrés était au bout du couloir.

   a. J'observais le rayon de CD-ROM. Des dizaines de jeux y étaient rangés.
   b. Papa ira à son travail. Il y rencontrera des collaborateurs.
   c. Nous étions allés dans ce restaurant. Nous y avions mangé une paella.
   d. Ce village est une station de ski. J'y ai passé toute mon enfance.
   e. L'avalanche recouvrit le chalet. Le guide de haute montagne s'y était réfugié.

**432** Transforme les phrases ci-dessous en remplaçant le pronom relatif «qui» par le pronom relatif «dont». Regarde l'exemple.

Ex. C'est un disque qui a un immense succès.
   C'est un disque **dont** le succès est immense.

   a. C'est un élève qui a des résultats corrects.
   b. C'est une voiture qui a des jantes en aluminium.
   c. C'est une clôture qui a un grillage vert.
   d. Voici un athlète qui a d'excellentes performances.
   e. C'est l'armoire qui a des portes en chêne.
   f. Voilà l'appartement qui a une fenêtre cassée.
   g. C'est un magasin qui a des articles bon marché.
   h. C'est un écrivain qui a une grande renommée.

**433** Transforme les phrases ci-dessous en utilisant le pronom relatif proposé.

Ex. Je pense à un film. Il est très intéressant.
   Le film auquel je pense est très intéressant.

   a. Je t'ai parlé d'un ami. Il a eu un accident de voiture.
      L'ami dont _____
   b. Il m'a écrit une lettre. Elle est pleine de fautes.
      La lettre qu'_____
   c. Ma sœur a recousu le veston. Il est à nouveau déchiré.
      Le veston que _____
   d. Le cycliste s'astreint à un entraînement sérieux. Celui-ci est long et pénible.
      L'entraînement auquel _____
   e. Nos amis sont en vacances dans une région ensoleillée. Elle est vraiment agréable.
      La région ensoleillée où _____

**Les deux exercices suivants sont corrigés à la page 190.**

**434** Recopie les phrases ci-dessous en les complétant avec le pronom relatif qui convient.

   **a.** C'est un souvenir _____ je me passerais volontiers.
   **b.** La personne _____ a pris rendez-vous est dans cette salle.
   **c.** La série télévisée _____ je pense est française.
   **d.** Les films _____ je pense ont été récompensés au festival de Cannes.
   **e.** Le livre _____ est tiré le film a plus de vingt ans.
   **f.** Les médicaments _____ te sont prescrits ne contiennent que des plantes.
   **g.** Samira a acheté le survêtement _____ tu lui avais conseillé.
   **h.** Lille est la ville _____ j'ai passé mon enfance.
   **i.** J'ai mangé la part de tarte _____ était sur la table.

**435** Recopie les phrases ci-dessous. Encadre le pronom relatif, mets une croix sous son antécédent et souligne la proposition subordonnée relative.

   **a.** Ce gâteau est préparé par ma mère qui est une fameuse cuisinière.
   **b.** Mes amis au sujet desquels je m'inquiète ne m'ont toujours pas écrit.
   **c.** L'inondation dont vous avez été victimes a été dévastatrice.
   **d.** Ce poulet que vous mangez est un produit fermier.
   **e.** Mes amis canadiens sont des personnes auxquelles je pense souvent.

**436** Recopie seulement les phrases où « que » est pronom relatif. (Souligne son antécédent.)

   **a.** Vous me dites que je ne suis pas en avance, mais je vous réponds que je ne suis pas en retard !
   **b.** Ce tapis que nous venons d'acheter est d'origine turque.
   **c.** Vous permettez que je le lui demande ?
   **d.** Fabrice a acheté la console que je lui avais recommandée.
   **e.** Il est impossible que ce soit vrai !
   **f.** Il faut que je sorte prendre l'air.
   **g.** Le livre que tu m'as prêté est passionnant.
   **h.** Il est certain que votre proposition est très avantageuse.
   **i.** Il me semble que tu m'en avais déjà parlé.

# synthèse 7 ■

**437** Utilise des pronoms personnels pour éviter les répétitions.

  **a.** Pierre se lève et Pierre se lave.

  **b.** Jacques ne sort pas sans sa veste car Jacques craint l'humidité.

  **c.** Les fleurs embaument la pièce où les fleurs ont été déposées.

  **d.** Louise et François n'écoutent pas ; Louise et François s'amusent.

  **e.** Le bruit du tonnerre m'effraie quand le bruit du tonnerre est trop fort.

  **f.** Les pêcheurs reviennent du large. Les pêcheurs débarquent leur pêche.

  **g.** La sirène retentit et les pompiers arrivèrent. Les pompiers avaient été rapides.

  **h.** Mes amis et moi sortons ce soir ; mes amis et moi allons au théâtre.

  **i.** Cette campagne est effrayante, car cette campagne est trop sombre.

  **j.** Tes camarades de classe et toi sortez sans bruit, puis tes camarades de classe et toi allez vous ranger.

**438** Même exercice.

  **a.** Sophie téléphone à Séverine pour inviter Séverine à un dîner.

  **b.** J'ai vendu mes rollers, car je ne peux plus chausser mes rollers.

  **c.** Véronique adore la tarte aux fraises ; Véronique reprend de la tarte aux fraises.

  **d.** Pierre et Françoise invitent des amis ; Pierre et Françoise téléphonent à leurs amis.

  **e.** Apprécies-tu cette façon de parler ? Moi, je n'aime pas cette façon de parler.

  **f.** Les hirondelles se préparent à partir pour les pays chauds. Les hirondelles reviendront des pays chauds au printemps.

  **g.** Le chien a senti la piste du lapin. Le chien suit la piste du lapin.

  **h.** Téléphone à Marc que Michelle ira chercher Marc si Michelle n'est pas trop en retard.

  **i.** J'essuie les verres et je range les verres.

  **j.** Carmen a perdu ses lunettes. Sonia trouve ses lunettes et rapporte ses lunettes à Carmen.

**439** Réponds aux questions ci-dessous en utilisant des pronoms personnels. Regarde l'exemple.

Ex. Pierre range-t-il sa trousse dans son cartable?
    Oui, il la range dans son cartable.

**a.** Les touristes traversent-ils la ville en autocar?
**b.** Tes parents sont-ils allés en Espagne l'an passé?
**c.** Votre voisin taillera-t-il sa haie ce mois-ci?
**d.** Demandera-t-elle une réduction à la caisse?
**e.** Les jardiniers élaguent-ils les arbres de l'avenue?
**f.** Les médecins rassurent-ils la famille du blessé?
**g.** Plantera-t-il des tulipes dans cette jardinière?
**h.** Valérie relit-elle son cours chaque soir?
**i.** Le ministre annoncera-t-il des réformes importantes?
**j.** Auront-elles de nouvelles informations dans la soirée?

**440** Réécris les phrases ci-dessous en utilisant des pronoms possessifs. Regarde l'exemple.

Ex. Ce sont ses cahiers. Ce sont **les siens**.

**a.** C'est ton droit.        **d.** C'est notre chien.      **g.** Ce sont leurs vélos.
**b.** C'est sa voiture.       **e.** C'est son livre.        **h.** Ce sont vos idées.
**c.** C'est votre thé         **f.** C'est leur récolte.     **i.** Ce sont mes amis.

**441** Réécris les phrases suivantes en utilisant des pronoms possessifs pour éviter les répétitions.

**a.** Pour le pique-nique, nous apporterons nos verres; apportez vos verres.
**b.** La lettre de Marine est arrivée deux jours après ta lettre.
**c.** Tes photos de vacances sont plus lumineuses que mes photos de vacances.
**d.** Notre jardin est plus ombragé que leur jardin.
**e.** J'ai oublié mon dictionnaire; j'espère que Paulo me prêtera son dictionnaire.

**442** Complète les phrases suivantes par un pronom démonstratif.

**a.** La cape que j'ai achetée est plus longue que _____ que tu m'avais montrée la semaine dernière.
**b.** Les meilleurs résultats sont _____ de l'équipe belge.
**c.** Ces fleurs sont fanées; remplace-les par _____
**d.** _____ ne sert à rien de nier; tu as tort.
**e.** Quand nous reviendrons, _____ sera déjà la fin de l'été.

**443** Complète les phrases ci-dessous par un pronom démonstratif, selon l'exemple.

Ex. Ce livre est passionnant, mais je préfère ce livre-ci : celui-ci

ces livres-là : ceux-là.

**a.** Je n'aime pas trop ce dessert, je prendrai plutôt

de ce dessert-ci : _____            de ces desserts-là : _____

**b.** Ces pommes sont juteuses, mais j'aime autant

cette pomme-ci : _____            ces pommes-là : _____

**c.** Ce disque est ennuyeux, passe plutôt

ces disques-ci : _____            ces compilations-là : _____

**444** Utilise un pronom relatif pour éviter la répétition et ne faire qu'une seule phrase.

**a.** Je lis des énigmes policières. Les énigmes policières me passionnent.

**b.** Rends-moi le stylo. Je t'ai prêté ce stylo.

**c.** Nelly et Gilbert font le tour du château. Ils ont d'abord visité ce château.

**d.** Le coureur a gagné l'étape. Le coureur fait un tour d'honneur.

**e.** Nous écoutons ce reportage. Ce reportage nous intéresse.

**445** Complète les phrases suivantes par un pronom relatif.

**a.** Regarde cette photo _____ j'ai vingt ans de moins.

**b.** Je suis allée voir le film _____ tu m'avais tant parlé.

**c.** La personne _____ tu penses n'est pas en cause.

**d.** Le mauvais temps gêna les alpinistes _____ firent prudemment demi-tour.

**e.** Il regarda les personnes près _____ il s'était assis.

**446** Remplace l'adjectif qualificatif en gras par une proposition subordonnée relative.

Ex. C'est un exploit **incroyable**. C'est un exploit qu'on ne peut pas croire.

**a.** C'est un enfant **insupportable**.

**b.** J'ai vu un film **incompréhensible**.

**c.** À l'heure actuelle, c'est un athlète **imbattable**.

**d.** Alexandra a une écriture **indéchiffrable**.

**e.** Pierre a des réactions **imprévisibles**.

# juxtaposition, coordination
# et subordination ■

Des éléments d'une phrase sont juxtaposés quand ils ne sont rattachés par aucun mot de liaison, mais seulement séparés par une virgule.

Ex.      <u>partir, marcher, découvrir</u>, voilà ce qui constitue mes vacances.
         **infinitifs**

         <u>Laetitia t'a raconté son aventure</u>, <u>j'en suis certain</u>.
         **prop. indépendante**          **prop. indépendante**

Des éléments d'une phrase sont coordonnés quand ils sont liés par une conjonction de coordination (mais, ou, et, donc...) ou par un adverbe de liaison (puis, cependant, alors...).

Ex.      <u>Les ministres</u> et <u>leurs principaux conseillers</u> étaient en réunion.
         **groupe nominal**          **groupe nominal**

Une proposition est subordonnée à une autre quand elle dépend de cette autre proposition, dite principale. Les mots qui introduisent une proposition subordonnée sont : qui, que, quoi, dont, où, lequel, quand, lorsque, si...

Ex.      <u>Il faut</u> <u>que je me renseigne sur les horaires</u>.
         **prop.**          **prop. subordonnée conjonctive**
         **principale**

**447** Dans chacune des phrases ci-dessous, indique si les éléments en gras sont juxtaposés ou coordonnés.

**a.** Dans le ciel clair, un oiseau **magnifique** et **majestueux** décrivait de splendides arabesques.
**b.** Un enfant **grand**, **blond** et rieur s'avança vers moi.
**c.** **Le père de Damien** et **mon oncle** pratiquent ensemble le canoë.
**d.** **Il rejouera dimanche**, car **il pleut trop aujourd'hui**.
**e.** **Courir**, **sauter**, **lancer**, tout me plaît dans l'athlétisme.

**448** Dans chacune des phrases ci-dessous, indique si la proposition en caractères gras est juxtaposée, coordonnée ou subordonnée à l'autre proposition.

**a.** Nous aimons l'aventure, **nous partons faire le tour du monde en vélo**.
**b.** **Bien que le temps soit frais**, Vincent sort sans veste ni blouson.
**c.** Vous viendrez nous voir **quand vous repasserez dans la région**.
**d.** Il est très doué en planche à voile **mais il ne sort pas avec un tel temps**.
**e.** Je note ce rendez-vous **donc je ne l'oublierai pas**.

**449** Même exercice.

    **a.** Je prendrai un thé **parce que je ne digère pas le café**.

    **b.** Nous irons à l'hôtel, **ou nous dormirons sous la tente**.

    **c.** Ils étaient deux, **ils étaient seuls au monde**.

    **d.** Je préfère goûter la tarte **qui est sur la table**.

    **e.** **Dès que tu iras mieux**, nous retournerons à la pêche

**450** Transforme les phrases ci-dessous en propositions coordonnées en utilisant la conjonction de coordination «car». Attention, il est parfois nécessaire de changer l'ordre des propositions.

    **a.** Vous aimez les films, vous allez souvent au cinéma.

    **b.** Je rentre à pied, mon vélo est crevé.

    **c.** Tu as une angine, tu te couvres bien.

    **d.** Il pleut, nous nous dépêchons.

    **e.** Les moissonneurs s'activent, la nuit tombe.

    **f.** Il y a grève des transports en commun. Tu prends ta voiture.

    **g.** Le temps était magnifique. La partie a été très agréable.

    **h.** J'ai donné ton blouson à nettoyer. Emprunte celui de ton frère.

    **i.** Je ne rentrerai pas tard. Je suis fatigué.

    **j.** Elle passera ses vacances chez sa grand-mère. Maria prend l'avion pour Lisbonne.

**451** Transforme les couples de phrases ci-dessous en propositions coordonnées. Utilise soit la conjonction «donc», soit la conjonction «mais».
Ex. Il se relève aussitôt. Il ne semble pas gravement blessé.
    Il se relève aussitôt, donc il ne semble pas gravement blessé.

    **a.** Il est le plus fort. Il doit gagner.

    **b.** J'accepte pour cette fois. Ne recommence pas.

    **c.** Cette histoire est très drôle, à ce qu'on dit. Je ne l'apprécie guère.

    **d.** La nuit tombe. Nous voyons moins bien.

    **e.** Lise est ma sœur. Je suis le frère de Lise.

    **f.** Cette choucroute est bonne. Elle est un peu trop salée.

    **g.** Je connais cette chanson. Je ne reconnais pas l'interprète.

    **h.** Cette affaire est très ancienne. Elle n'est pas oubliée de tout le monde.

    **i.** Il a une angine. Il hésite à sortir.

    **j.** Vous avez vécu le même il y a deux ans. Vous comprenez mon problème.

    **k.** Je n'ai plus très faim. Je reprends du gâteau par gourmandise.

    **l.** Vous étiez à la réunion hier soir. Vous avez dû le voir.

**452** Recopie les phrases ci-dessous. Souligne les propositions subordonnées.

   **a.** Il découvrit enfin le livre qu'il cherchait depuis si longtemps !
   **b.** Lorsque je t'aurai présenté, tu expliqueras ton projet.
   **c.** Cette personne dont je vous ai parlé est l'ancienne institutrice de ma fille.
   **d.** Si tu aimes la cuisine chinoise, je connais un très bon restaurant près d'ici.
   **e.** Il me semble que les derniers sont arrivés.

**453** À partir des deux phrases données et en utilisant chaque fois l'un des mots ci-dessous, écris une seule phrase. Indique si les propositions sont coordonnées ou subordonnées.
car – lorsque – depuis que – donc – chaque fois que.

Le chat n'est pas là. Les souris dansent.

**454** Allège les phrases ci-dessous en n'écrivant qu'une seule fois le sujet des propositions juxtaposées ou coordonnées, puis souligne les propositions coordonnées.

   **a.** Le garagiste contrôle la voiture. Il vérifie l'éclairage, il teste les freins, il ajoute de l'eau dans le lave-glaces, il purge le circuit de refroidissement et il remplace les balais d'essuie-glaces.
   **b.** Nous pensions qu'elle nous conseillerait, qu'elle nous encouragerait ou qu'elle nous féliciterait.
   **c.** Les livreurs sortent le piano du camion. Ils l'entourent d'une couverture, ils le sanglent, ils le transportent jusque dans le salon puis ils l'installent le long du mur.

**455** Recopie les phrases ci-dessous en les complétant par la conjonction de coordination appropriée.
Ex. J'ai vu un blouson superbe, **mais** beaucoup trop cher.

   **a.** Je ne sais pas encore si je viendrai en vélo _____ à pied.
   **b.** Nous te conseillons à la fois d'attendre _____ de ne rien dire.
   **c.** C'est une fille courageuse _____ elle n'hésitera pas une seconde.
   **d.** Il est en retard _____ il s'est levé trop tard.
   **e.** Je ne souhaite pas dramatiser les choses _____ les envenimer.
   **f.** Il était favori _____ il n'a fini que deuxième.
   **g.** Ce soir, je ne sais pas si c'est mon père _____ ma mère qui prépare le repas.
   **h.** Ce soir, mon père _____ ma mère préparent le repas.
   **i.** Je n'imaginais _____ t'influencer, _____ te conseiller, _____ seulement t'encourager.

**456** Recopie les phrases ci-dessous en les complétant par un mot de subordi-
nation choisi dans la liste suivante :

qui – si – lorsque – pour que – dont – que.

**a.** _____ tu ne sois pas en retard, il faudrait te lever maintenant.

**b.** Voilà la personne _____ m'a renseigné tout à l'heure.

**c.** C'est un personnage _____ on a beaucoup parlé l'an dernier.

**d.** Je partirai en vacances _____ j'aurai changé de voiture.

**e.** Je comprends mieux les exercices _____ tu m'as réexpliqués.

**f.** _____ les vents restent favorables, le bateau sera là en début d'après-midi.

**457** À l'aide de la conjonction de coordination entre parenthèses, réunis les
couples de phrases ci-dessous en supprimant les répétitions.

Ex. Quentin lit des bandes dessinées. Quentin lit peu de romans (mais)
Quentin lit des bandes dessinées, **mais** peu de romans.

**a.** Mes grands-parents sont venus à la maison. Mes grands-parents m'ont
offert un nouveau jeu pour ma console. (et)

**b.** Soizic lave la vaisselle. Soizic essuie la vaisselle. (et)

**c.** Je n'ai pas écrit sur mon ardoise. J'ai écrit sur mon cahier. (mais)

**d.** Le télécopieur est un outil très pratique. Je n'hésite pas à utiliser le télécopieur. (donc)

**e.** Sa sœur va à la plage. Lui, il n'y va pas. (mais)

**f.** Nous irons au cirque. Nous irons au cinéma. (ou)

**g.** Tu écoutes. Tu sors. (ou)

**458** Recopie les phrases ci-dessous en les complétant par l'un des adverbes
ou l'une des conjonctions de coordination proposés. Attention, tu ne
peux utiliser qu'une fois chacun des mots de coordination !

or – car – puis – mais – donc – ou – ni – pourtant.

**a.** J'ai oublié ma montre _____ je n'ai pas l'heure.

**b.** J'avais posé mes clefs sur le bureau _____ elles n'y sont plus.

**c.** Vous ne trouvez pas la solution, _____ le problème ne paraissait pas
vraiment difficile.

**d.** Il ne veut pas de dessert _____ il n'a plus faim.

**e.** Il ne me semblait pas qu'ils criaient _____ qu'ils chahutaient.

**f.** Nous hésitons encore : achèterons-nous un livre _____ un disque ?

**g.** Tu passeras me chercher _____ nous irons au cinéma.

**h.** J'aime beaucoup Sylvain _____ je ne lui donnerai pas raison dans cette
dispute.

**459** Même exercice avec les mots de coordination suivants :
et – donc – en revanche – car – toutefois – mais – ni – puis – ou.

**a.** Le poissonnier n'a pas de langoustines aujourd'hui _____ il propose de très belles crevettes.

**b.** Pour le week-end de Pentecôte, nous partirons à Amsterdam _____ à Venise.

**c.** Il y a bien une notice explicative _____ elle est en anglais !

**d.** Tu me réponds, _____ tu m'as entendu.

**e.** Je préfère la tarte au moka _____ je n'aime pas la crème.

**f.** Il ne faut pas qu'elles écrivent _____ qu'elles téléphonent avant jeudi.

**g.** On ne trouve plus de places à vendre pour le concert, _____ j'ai peut-être une solution.

**h.** L'humoriste raconta une dernière histoire, _____ sortit accompagné par les rires _____ les applaudissements du public.

**460** Remplace la proposition juxtaposée, en gras, par une proposition subordonnée selon l'exemple.
Ex. Tu roules vite, tu ne vois pas le paysage.
    Tu roules tellement vite que tu ne vois pas le paysage.

**a.** Je parle fort, **j'ai mal à la gorge**.

**b.** Sylvain a du travail, **il ne sait pas par où commencer**.

**c.** Maguy est bavarde, **elle ennuie toute la classe**.

**d.** J'ai mal à la tête, **je reprends un comprimé**.

**e.** Cet appareil est puissant, **il est difficilement maniable**.

**461** Transforme les phrases ci-dessous en utilisant les mots suivants, de façon à obtenir une seule phrase contenant une proposition subordonnée.
alors que – qui – tandis que – dont – laquelle.
Ex. J'aime beaucoup ma sœur. Elle me le rend bien.
    J'aime beaucoup ma sœur, **laquelle** me le rend bien.

**a.** Je pense à un film. Steven Spielberg en est l'auteur.

**b.** Donne-moi le stylo. Il est sur la table.

**c.** Je t'ai parlé d'une solution. Cette solution est la meilleure.

**d.** Sylvie lit. Michel dessine.

**e.** Je mange des betteraves rouges. Je n'aime pas cela.

J'AIME BEAUCOUP MA SOEUR, ELLE ME LE REND BIEN.

**Les deux exercices suivants sont corrigés à la page 191.**

**462** Indique, pour chacune des expressions ou propositions en gras, si elle est coordonnée, juxtaposée ou subordonnée à celle qui la précède.

    **a.** Tu choisiras parmi les fiches **que nous te proposons**.

    **b.** Il était seul, **il était triste**.

    **c.** Il était vêtu d'une chemise chaude et confortable **qui lui descendait jusqu'aux genoux**.

    **d.** Tu me préviendras **lorsque tu seras enfin prêt**.

    **e.** Chaque matin ou **chaque soir**, Camille accomplissait avec soin le travail **dont son père l'avait chargé**.

**463** Dans les phrases ci-dessous, des éléments en gras sont désignés par 1, 2, 3 ou 4. Indique quels sont les éléments juxtaposés et quels sont les éléments coordonnés; précise leur nature.

    Ex. Clémence (1), Virginie (2) et Adrien (3) finissent de goûter.

        1 et 2: noms juxtaposés; 2 et 3: noms coordonnés.

    **a.** **Les enfants étudient leurs leçons** (1) puis **ils joueront au Trivial Pursuit** (2).

    **b.** Un château **ruiné** (1), **triste** (2) mais très **impressionnant** (3) se dressait encore au sommet de la colline.

    **c.** Les négociateurs ont **longuement** (1) et **patiemment** (2) cherché une solution acceptable pour chacune des parties.

    **d.** Journaliste est un métier **qui demande beaucoup de disponibilité** (1), **qui exige beaucoup d'honnêteté** (2) mais **qui peut apporter beaucoup de satisfaction** (3).

    **e.** **Je t'entends** (1) mais **je ne te vois pas** (2), **je ne te situe pas** (3) et **je comprends à peine tes paroles** (4).

# style direct et style indirect ■

Le style direct consiste à reproduire exactement les paroles (ou la pensée) de quelqu'un. Le discours direct est placé entre guillemets.

Ex.      Il me dit: « Je pense pouvoir venir. »

             Elle pensa: « Je n'arriverai jamais au sommet... »

Le style indirect consiste à rapporter les paroles ou la pensée de quelqu'un en les faisant dépendre d'un verbe principal.

Ex.      Il me dit qu'il pense pouvoir venir.

             Elle pensa qu'elle n'arriverait jamais au sommet...

**464** Recopie les phrases ci-dessous et indique s'il s'agit du style direct ou du style indirect.

**a.** « Ouvre la fenêtre », me dit maman.

**b.** Elle répondit: « Peut-être bien. »

**c.** Pierre ne pensait pas que Marc oserait le faire.

**d.** Elle lui dit qu'elle n'est pas d'accord.

**e.** Elle lui dit: « Je ne suis pas d'accord. »

**f.** Yannick et Anne nous proposèrent de sortir avec eux.

**g.** « Reste au chaud », conseilla la maîtresse à l'enfant fiévreux.

**h.** Soudain, Pauline remarqua qu'il neigeait.

**i.** Le professeur lui expliqua son erreur.

**j.** « Encore la grève des transports », se désolaient les usagers du métro.

**465** Transforme les phrases ci-dessous en passant du style direct au style indirect ou inversement.

**a.** Il dit: « Tu dois sortir. »

**b.** Il dit: « Elles doivent sortir. »

**c.** Il dit que nous devons sortir.

**d.** Elle pense que c'est impossible.

**e.** Elle pense: « Elles peuvent le faire. »

**f.** Pierre avoue: « Je n'y avais pas pensé. »

**g.** Florence et Fabienne reconnaissent:
« Nous t'avions oublié. »

**h.** Mélanie et Steve annoncent
qu'ils se marieront l'an prochain.

**466** Même exercice.

    **a.** Il lui dit qu'il est en retard.

    **b.** Elle lui demande : « Es-tu breton ? »

    **c.** Je vous avoue que j'avais caché la notice.

    **d.** Tu me dis : « Je ne la connais pas. »

    **e.** Fabrice et elle reconnaissent : « Nous sommes très en retard. »

    **f.** Kevin et Yann me disent que j'ai eu raison d'insister.

    **g.** Sophie leur répond : « Vous n'avez qu'à le faire vous-mêmes. »

    **h.** Tu leur expliques qu'ils doivent être sages.

**467** Même exercice.

    **a.** Il t'affirme : « Cette équipe n'est pas meilleure que la mienne. »

    **b.** Elle pense : « C'est peut-être mon jour de chance ? »

    **c.** Vous reconnaissez : « J'ai dû me tromper. »

    **d.** Il pense que cette conclusion ne lui convient pas.

    **e.** Vous me dites : « Je vous en reparlerai demain. »

**468** Même exercice.

    **a.** Tu nous avoues : « J'aurais préféré les miennes. »

    **b.** Il me dit : « Votre ami m'énerve avec ses remarques ! »

    **c.** Nous te demandons si tu as entendu le bulletin météo.

    **d.** Tu leur réponds : « Avec vos connaissances et les miennes, nous aurions gagné la finale. »

    **e.** Elle nous demande qui a utilisé son ordinateur.

**469** Modifie les phrases ci-dessous en passant du style direct au style indirect. Attention à la modification du temps dans la seconde proposition !
Ex. Il **pensa** : « C'**est** trop tard. »
    Il **pensa** que c'**était** trop tard.

    **a.** Je demandais : « Qui est là ? »

    **b.** On disait : « C'est tous les ans la même chose. »

    **c.** Il avoua : « Je n'y ai pas pensé avant. »

    **d.** La caissière me demanda : « Ce paquet est-il à vous ? »

    **e.** Béatrice disait : « La forêt est belle en cette saison. »

    **f.** Les enfants répondirent : « Nous souhaitons découvrir la Chine. »

    **g.** Mes tantes disaient toujours : « Un homme averti en vaut deux ! »

    **h.** Cécile et sa mère remarquèrent : « La brume ne semble pas vouloir se lever. »

**470** Même exercice.
Ex. Elle répondit : « J'ai changé d'idée. »
Elle répondit qu'elle avait changé d'idée.

a. Sandra me dit : « J'ai essayé de t'appeler, mais tu n'étais pas là. »
b. Les animateurs expliquèrent : « Nous avons préparé un grand jeu. »
c. Le plombier se retourna et dit : « J'ai déjà réparé la plus grosse fuite. »
d. Les filles firent remarquer : « Les garçons nous ont encore bousculées. »
e. Lucien disait à son chien : « Tu es encore allé te rouler dans la boue. »

**471** Transforme les phrases ci-dessous en passant du style direct au style indirect ou inversement. Attention à la modification des temps !

a. Le gardien disait au directeur que les livreurs avaient déposé les colis.
b. Le guide annonça : « Le musée a été totalement rénové. »
c. Tu reconnais que ce jeu est trop violent.
d. Raphaël me répond : « Je ne connais pas le réalisateur de ce film. »
e. Le speaker annonçait que le match allait débuter.
f. Les infirmières pensèrent : « Ce malade a une volonté peu commune. »
g. Je lui annonce : « Ta candidature est retenue. »
h. Tu leur dis que leur voiture avait été enlevée et conduite à la fourrière.

**472** Modifie les phrases ci-dessous en passant du style direct au style indirect ou inversement. Attention à la modification des modes (infinitif → impératif) !
Ex. Il me dit : « Sortez. » Il me dit de sortir.

a. Adrien me dit : « Viens avec moi. »
b. Morgane me demanda : « Ne dis rien à maman au sujet de mon bulletin. »
c. Maman nous propose de finir le gâteau.
d. Je lui dis : « Demandez d'abord l'avis de votre garagiste. »
e. Sonia me recommanda d'éviter ce pays pendant mes vacances.

**473** Même exercice.

a. Le maître nageur leur cria : « N'allez pas dans le grand bain ! »
b. « Faites circuler tous les curieux », ordonna le commissaire.
c. Sylvie me rappela de ne pas l'oublier dans la semaine.
d. Steven me conseilla de bien réfléchir avant de me lancer dans mon projet.
e. « Dégagez le passage et laissez-nous faire notre métier ! » hurlèrent les pompiers.

**474** Formule les interrogations ci-dessous en passant du style direct au style indirect.
Ex. Qui est passé le premier ? Je me demande qui est passé le premier.

**a.** Comment est-il entré ?
**b.** Pourquoi Stéphane est-il sorti en retard ?
**c.** Qui dirige cette entreprise ?
**d.** Dans quel état vais-je le retrouver ?
**e.** Que veulent-ils ?
**f.** Où les hirondelles partent-elles pendant l'hiver ?
**g.** Avec qui ferez-vous équipe ?
**h.** Par quel miracle a-t-il réussi son examen ?

**475** Transforme les phrases ci-dessous afin d'obtenir des interrogations directes.
Ex. Racontez-moi comment vous avez évité le piège.
Comment avez-vous évité le piège ?

**a.** Dites-moi lequel d'entre vous a inventé cette histoire.
**b.** Racontez-moi comment l'incident est arrivé.
**c.** Dites-moi où vous avez acheté ce Père Noël en chocolat.
**d.** Je voudrais savoir si Harold est un bon joueur de tennis.
**e.** J'aimerais connaître l'heure de départ du prochain TGV pour Lyon.
**f.** Expliquez-moi pourquoi la Norvège a dit non à la CEE.
**g.** Je souhaiterais savoir ce que tu prépares maintenant.
**h.** Expliquez-moi pourquoi l'anglais est devenu aujourd'hui la première langue internationale.

**L'exercice suivant est corrigé à la page 191.**

**476** Transforme les interrogations directes en interrogations indirectes.
Ex. « Peux-tu me prêter ton dictionnaire ? » me demande-t-il.
Il me demande si je peux lui prêter mon dictionnaire.

**a.** « Avez-vous la monnaie de cent francs ? » me demande-t-elle.
**b.** « Est-ce nous qui avons gagné le concours ? » te demandent-ils.
**c.** « Voulez-vous prendre une tasse de thé ? » lui demande-t-elle.
**d.** « As-tu appris ta leçon de géographie ? » me demande-t-il.
**e.** « Mademoiselle, connaissez-vous l'heure de fermeture de cette boulangerie ? » lui demandent-ils.
**f.** « Est-ce toi qui as pris les places pour tout le monde ? » te demandent-ils.
**g.** « Avons-nous le temps de terminer cette partie ? » me demandent-elles.
**h.** « Étions-nous sélectionnés pour les championnats départementaux ? » lui demandent-ils.

**P O U R   A L L E R   P L U S   L O I N**

**477** Transforme les phrases en passant du style direct au style indirect.
Ex. Julien demandait : « La randonnée sera-t-elle longue ? »
Julien demandait si la randonnée serait longue.

**a.** Ève nous demanda : « Passerons-nous quelques jours de vacances sur l'île de Ré cette année ? »
**b.** Edgar te demandait : « Les bus seront-ils plus nombreux cette année ? »
**c.** Samuel demandait : « Est-ce que vous pourrez corder ma raquette rapidement ? »
**d.** Les étudiantes demandèrent : « Prendra-t-on encore des inscriptions au mois d'octobre ? »
**e.** Elle demanda : « Pourrez-vous arroser mes plantes vertes durant les vacances ? »

# la transformation actif-passif ■

Une phrase est à la voix active quand le sujet fait l'action ; elle est à la voix passive quand le sujet subit l'action.

Ex.      Paul mange cette grosse pomme : voix active

Cette grosse pomme est mangée par Paul : voix passive

De la crème recouvre la tarte : voix active

La tarte est recouverte de crème : voix passive

Les blés seront coupés : voix passive

On coupera les blés : voix active

Seules les phrases actives contenant un complément d'objet direct peuvent être transformées à la voix passive.

Ex.      <u>Valérie</u> lit <u>ce magazine</u>.
        sujet       COD

<u>Ce magazine</u> est lu par <u>Valérie</u>.
       sujet         c. d'agent

**478** Classe les phrases suivantes en deux groupes : voix active et voix passive.

    **a.** Ce château est hanté par des revenants.

    **b.** La police a envoyé deux inspecteurs sur les lieux de l'accident.

    **c.** Les pompiers ont éteint l'incendie.

    **d.** Ces rochers sont recouverts de mousse.

    **e.** Ce nouveau satellite a été mis en orbite par la navette spatiale.

    **f.** Le jardin de grand-père est très bien entretenu.

    **g.** Le jury a félicité le gagnant.

    **h.** Le champion est remercié par son capitaine.

    **i.** La pelouse est tondue tous les samedis par le jardinier.

    **j.** Le sommet fut vaincu par les deux alpinistes.

**479** Recopie les phrases ci-dessous. Souligne le complément d'objet direct, puis transforme ces phrases à la voix passive.

    **a.** Le mécanicien répare la voiture.

    **b.** Le facteur proposait des calendriers.

    **c.** Kevin nettoie le vélo.

    **d.** Martin invite Sophie à son goûter d'anniversaire.

    **e.** Mamie Yvette prépare de délicieuses tartes aux pommes.

    **f.** Mon cousin revend une console de jeux.

    **g.** Notre club a remplacé tous les tapis de judo.

    **h.** Hier, les habitants du quartier nettoyaient le parc municipal.

**480** Même exercice.

    **a.** Le maître a-t-il puni Quentin ?

    **b.** Ces orages ont provoqué des inondations.

    **c.** Le Soleil éclaire et réchauffe la Terre.

    **d.** Ce premier trimestre a fatigué les élèves.

    **e.** Il claque la porte.

    **f.** Le client a rempli le bulletin de Loto.

    **g.** Au Moyen Âge, on moulait le blé dans des moulins à eau.

    **h.** Le cheval tirait la charrue.

    **i.** Jean-Claude lancera la corde à son compagnon.

    **j.** Philéas Fogg accomplit son tour du monde en 80 jours.

    **k.** L'auteur a écrit ce roman en quelques semaines.

    **l.** Pasteur a mis au point le vaccin contre la rage.

**481** Même exercice.

    **a.** Jérôme ramasse des champignons.

    **b.** La dépanneuse tractait un véhicule.

    **c.** L'attaquant marqua un but en pleine lucarne.

    **d.** L'arbitre siffla une faute.

    **e.** Le public avait sifflé l'arbitre.

    **f.** Les voyageurs attendront le train.

    **g.** Sylvie a-t-elle vendu sa voiture ?

    **h.** Le commerçant lui a rendu la monnaie.

    **i.** Son ami lui offre un cadeau.

    **j.** Le Père Noël a apporté beaucoup de jouets.

    **k.** Les élèves ont travaillé plusieurs fois ce texte.

**482** Recopie les phrases ci-dessous. Souligne les compléments d'agent, puis transforme ces phrases à la voix active.

    **a.** Les pompiers sont alertés par les voisins.

    **b.** Notre rue est décorée par les services techniques de la ville.

    **c.** Les plantes étaient arrosées par le gardien.

    **d.** Ce pâté est préparé par notre charcutier.

    **e.** Ce nouveau dessin animé a été créé par un studio français.

    **f.** Les associations humanitaires seront invitées par le ministre.

    **g.** Les rues de la ville basse ont été inondées par la crue de la rivière.

    **h.** Les paquets sont entourés de papier brillant.

    **i.** Les champs étaient blanchis par la gelée.

    **j.** Les moutons seront tondus par les bergers.

**483** Même exercice.

- **a.** Un nouveau record du monde a été établi par cet athlète.
- **b.** Ce tableau a été réalisé par Picasso.
- **c.** Les rosiers furent taillés par le jardinier avant l'hiver.
- **d.** Les médicaments étaient avalés par le patient.
- **e.** La vitrine est garnie de plats appétissants.
- **f.** L'autodictée sera apprise par tous les élèves.
- **g.** Une nouvelle cassette vidéo de Walt Disney était vendue par les magasins spécialisés.
- **h.** Le chêne avait été abattu par le bûcheron.
- **i.** La Route du Rhum sera sûrement gagnée par un multicoque.

**484** Écris les phrases suivantes à la voie passive. (Attention, ce n'est pas toujours possible.)

- **a.** Samuel a cassé les lunettes de Ludovic.
- **b.** La neige tombe à gros flocons.
- **c.** L'athlète court sur le tartan.
- **d.** Les chasseurs aperçoivent les biches et leurs faons.
- **e.** Papa essuie-t-il la vaisselle ?
- **f.** Jordan voyageait en avion.
- **g.** Ce sentier conduit au sommet de la colline.
- **h.** La foule se disperse vers 20 heures.
- **i.** Le maçon avait construit la maison.
- **j.** Le lézard court sur le mur.

**485** Recopie les phrases suivantes et complète-les par un sujet et un complément d'agent.

- **a.** _____ est arrosé par _____
- **b.** _____ sont vues par _____
- **c.** _____ est percé par _____
- **d.** _____ est pelée par _____
- **e.** _____ est envahie de _____
- **f.** _____ sont dénoncés par _____
- **g.** _____ est défendu par _____
- **h.** _____ sommes encouragés par _____
- **i.** _____ avez été mordus par _____
- **j.** _____ était jonché de _____

**486** Transforme les phrases ci-dessous à la voix active en utilisant «on».
Ex. L'émission sera enregistrée. On enregistrera l'émission.

**a.** La banque sera dévalisée.
**b.** La diligence est attaquée.
**c.** Le criminel est emprisonné.
**d.** L'accusé a été défendu.
**e.** Il sera libéré demain.
**f.** La porte avait été ouverte.
**g.** La pelouse fut bien entretenue.
**h.** Sylvie avait été bousculée.
**i.** Mes explications sont bien comprises.
**j.** L'horloge sera bien réglée.

**487** Même exercice.

**a.** Le chien sera tatoué.
**b.** Le livre sera écrit dans un an.
**c.** La moto a-t-elle été réparée ?
**d.** L'armoire avait été cirée.
**e.** La cheminée a été ramonée.
**f.** Le record de France est battu.
**g.** Les tapis ont-ils été secoués ?
**h.** La lumière est éteinte.
**i.** La voiture fut lavée hier.
**j.** Les papiers peints seront posés.

**488** Ces phrases passives sont maladroites. Récris-les à la voix active.

**a.** Ce livre est lu par moi.
**b.** Le chemin m'est indiqué par lui.
**c.** Le jus d'orange est préféré par elle.
**d.** Du café est pris tous les matins par maman.
**e.** L'étoile filante fut observée par toi.

**489** Recopie les phrases suivantes et souligne les compléments d'agent lorsqu'il y en a.

**a.** La grue était entretenue par l'ouvrier.
**b.** L'antilope fut tuée par le lion.
**c.** Le parc municipal est entouré par un mur de pierres.
**d.** Le président est élu par le peuple.
**e.** Les cris retentissent dans la cour.
**f.** Cette émission est regardée par tous.
**g.** Il a menti par peur.
**h.** Le trésor a été découvert par un jeune archéologue.
**i.** Il est sorti par une issue de secours.
**j.** Les moteurs furent mis en marche.

**490** Recopie les phrases ci-dessous et indique si elles sont à la voix active ou à la voix passive.

    **a.** Les enfants sont sortis dans la cour.

    **b.** Les chemins sont couverts de feuilles.

    **c.** Les foins sont coupés par les agriculteurs.

    **d.** Les corbeilles sont remplies de fruits.

    **e.** Tes grands frères sont allés au cinéma.

    **f.** Ma voiture est couverte de neige.

    **g.** Nos amis étaient partis aux sports d'hiver.

    **h.** Ce rôti était accompagné de brocolis.

    **i.** Cette symphonie était jouée par l'orchestre de Radio-France.

    **j.** Sandrine était rentrée chez elle à toute vitesse.

**491** Recopie les phrases ci-dessous et indique si elles sont à la voix active ou à la voix passive. Puis récris-les en changeant de voix quand c'est possible.

    **a.** Tu es déçu par son attitude.

    **b.** Ces oreillers sont garnis de plumes.

    **c.** Les murs ont été démolis.

    **d.** Elle est apparue timidement.

    **e.** Nous sommes partis de bonne heure.

    **f.** Les colis sont-ils montés par les livreurs ?

    **g.** Ma mère prépare un gâteau.

    **h.** Johanna joue au fond du jardin.

    **i.** On a rangé la bibliothèque.

    **j.** Les murs étaient décorés de carreaux multicolores.

**492** Indique, pour chaque verbe ci-dessous, s'il est conjugué à la voix active ou à la voix passive. Vérifie ton travail en plaçant ces verbes soit dans une phrase contenant un complément d'objet direct, soit dans une phrase contenant un complément d'agent.

    **a.** Elle a choisi

    **b.** Elle est choisie

    **c.** Ils sont entendus

    **d.** Ils avaient entendu

    **e.** Elle observe

    **f.** Elle a observé

    **g.** Tu as pris

    **h.** Tu as été pris

    **i.** Elles étaient taillées

    **j.** Ils ont mangé

    **k.** Elle a vu

    **l.** Elle a été vue

    **m.** Ils savent

    **n.** Elles sont sues

    **o.** Vous partagerez

    **p.** Il avait été partagé

    **q.** Elle explique

    **r.** Elle sera expliquée

**J E   T R A V A I L L E   S E U L ( E )**

**Les deux exercices suivants sont corrigés à la page 191.**

**493** Écris les phrases ci-dessous à la voix passive.

   **a.** La Seine arrose Paris.
   **b.** L'inspecteur de police observe les empreintes digitales.
   **c.** Les Alpes séparent l'Autriche de la France.
   **d.** Tous les dimanches, papa prépare une tarte.
   **e.** Les motards dévient la circulation.
   **f.** Clotilde caresse-t-elle le petit chien ?
   **g.** Les ouvriers goudronnent les routes.
   **h.** Le menuisier pose la charpente.
   **i.** Papa installe un nouveau lustre.
   **j.** Les pompiers éteignent l'incendie.

**494** Recopie les phrases ci-dessous et indique si elles sont à la voix active ou à la voix passive. Puis récris-les en changeant de voix quand c'est possible.

   **a.** Le gâteau est parsemé de grains de chocolat.
   **b.** Nadège lui parle avec douceur.
   **c.** La mayonnaise est préparée.
   **d.** Ce film avait été enregistré le mois dernier par ma sœur.
   **e.** Ton couteau a été bien aiguisé.
   **f.** Les enfants empileront les gobelets.
   **g.** Caroline est partie en Floride.
   **h.** Votre père est-il engagé par cette société ?
   **i.** On dénonce la situation des droits de l'homme dans ce pays.
   **j.** Les services douaniers ont saisi ce cargo.

# synthèse 8 ■

**495** Transforme les propositions juxtaposées ci-dessous en propositions coordonnées. Utilise une seule fois chacune des conjonctions de coordination suivantes : mais, or, et, donc, ou, car.

  **a.** Tu cours plus vite que moi ; tu arriveras avant moi.
  **b.** Mercredi matin, j'irai dans un magasin de sport ; j'achèterai le cadeau d'anniversaire de mon père.
  **c.** Romain ne mange jamais de fraises ; elles lui donnent de l'urticaire.
  **d.** Il y a eu un petit orage hier ; la terre est encore très sèche.
  **e.** Alexandra dormira chez sa tante, elle dormira chez ses voisins.
  **f.** J'avais oublié de m'inscrire à ce séjour ; deux places viennent de se libérer.

**496** Indique, pour chacune des phrases ci-dessous, si la proposition en gras est juxtaposée, coordonnée ou subordonnée à l'autre proposition.

  **a.** Le vent a amené la fraîcheur **et le village s'est lentement animé**.
  **b.** **Lorsque ce livre sera édité**, je l'achèterai.
  **c.** Je ne pense pas **que tu aies raison**.
  **d.** Le soleil inondait le paysage, **la lumière éclaboussait les reliefs**.
  **e.** Il y a dans cette vitrine une chemise **qui me plaît beaucoup**.
  **f.** Je ne sais pas **si nous aurons la patience d'attendre**.
  **g.** Maureen ne digère pas le café, **elle préfère le thé**.
  **h.** Ton frère a terminé ses études secondaires **puis il a travaillé dans une banque**.
  **i.** **Pendant que papa taille la pelouse**, maman nettoie les massifs de fleurs.
  **j.** Voilà encore un problème **dont je me serais bien passé**.

**497** Transforme les phrases ci-dessous selon l'exemple suivant.
  Ex. Il était sorti. L'orage éclata.
       À peine était-il sorti que l'orage éclata.

  **a.** Mon camarade était arrivé. Il me raconta ses ennuis.
  **b.** Nous commencions à regarder le film. Le magnétoscope tomba en panne.
  **c.** Le bus s'était arrêté. Elle sortit en courant.
  **d.** Estelle avait terminé sa lettre. Elle la posta.
  **e.** L'information fut publiée. Les protestations fusèrent de toutes parts.

**498** Transforme les phrases ci-dessous en passant du style direct au style indi-rect, ou inversement.

    **a.** Elle me dit : « Passe me voir samedi. »

    **b.** Monsieur Mathias nous annonce : « Je serai à la retraite à la fin de l'année. »

    **c.** Olivier demande si tu connais un médecin du sport.

    **d.** Clotilde les supplie : « Même si je suis en retard, ne mangez pas toute la tarte aux pommes ! »

    **e.** Je t'annonce qu'il y aura cinq jours de vacances pour l'Ascension.

    **f.** « Qui n'a pas éteint la lumière ? » demande le moniteur.

    **g.** Édouard avoue : « J'ai bien du mal à me lever le matin. »

    **h.** Le vendeur reconnaît qu'il n'a pas bien expliqué les termes du contrat.

**499** Modifie les phrases ci-dessous en passant du style direct au style indirect, ou inversement. Attention à la modification des temps (ou des modes).

    **a.** Le gardien nous dit : « Attendez deux minutes. »

    **b.** Le maire reconnut : « Les parkings sont très chers dans le centre-ville. »

    **c.** Laurent demandait si quelqu'un pouvait le raccompagner en voiture.

    **d.** Frédéric leur cria : « Je reviens cet après-midi. »

    **e.** L'entraîneur lui commanda d'aller s'échauffer.

    **f.** Aurélie demanda : « Irons-nous en montagne, cette année ? »

    **g.** L'ébéniste recommanda : « Ne faites pas subir à votre meuble de trop importantes variations de température. »

    **h.** Gaëlle avoua que, finalement, elle était heureuse de ne pas avoir obtenu sa mutation.

**500** Indique, pour chacune des phrases ci-dessous, si elle est conjuguée à la voix active ou à la voix passive.

    **a.** Les jeux électroniques sont fabriqués dans le Sud-Est asiatique.

    **b.** Michel promène son chien.

    **c.** Encore une fois, Sabine et Patrick sont en retard !

    **d.** Cette galerie organise une exposition des « peintres du clos de l'Abbaye ».

    **e.** Ces séjours sont proposés par un organisme londonien.

    **f.** L'usine embouteille et expédie des milliers de litres d'eau chaque jour.

    **g.** La commune a nettoyé les abords du canal.

    **h.** Ce modèle de voiture était encore fabriqué il y a trois ans.

**501** Avec les phrases de l'exercice 500, effectue, quand c'est possible, la transformation actif-passif ou passif-actif.

**502** Indique, pour chaque verbe ci-dessous, s'il est conjugué à la voix active ou à la voix passive. Vérifie ton travail en plaçant chacun de ces verbes soit dans une phrase contenant un complément d'objet direct, soit dans une phrase contenant un complément d'agent.

a. Elle a mis

b. Ils ont écrit

c Elles avaient été écrites

d. Elle a compris

e. On creuse

f. Nous avons découvert

g. On avait creusé

h. Il est découvert

i. Ils sont compris

j. Tu es stoppé

**503** Écris les phrases suivantes à la voix passive, quand c'est possible. (Attention à bien respecter le temps employé.)

a. On admettra ta réponse.

b. Le chat sort par le soupirail.

c. Nathalie passe-t-elle l'aspirateur ?

d. Les conditions sont-elles bonnes pour décoller ?

e. Le jury des lectrices a choisi ce roman.

f. On avait tenu secrets les objectifs de leur mission.

g. Notre électricien aura réparé l'installation en fin de matinée.

h. La première impression ne m'avait pas trompé.

i. Les chats ont dévasté tes plantations de fleurs.

j. Les vacances débutent dans quelques jours.

**504** Trouve, parmi les phrases suivantes, celles qui sont à la voix passive.

a. Ces arbres ont été brisés par la tempête.

b. La foudre est passée par la cheminée.

c. Il sera sûrement compris.

d. Edwin a posé la question par simple politesse.

e. Ce colis est arrivé par la poste.

# la dérivation ■

Pour exprimer une même idée, on peut utiliser des mots de la même famille, mais de natures différentes.

Ex.     Je travaille <u>proprement</u> – Je travaille avec <u>propreté</u> – Mon travail est <u>propre</u>.
                adverbe                                        nom                                        adjectif

        On <u>change</u> de travail – <u>Changement</u> de travail.
            verbe                              nom

**505** Transforme les phrases verbales ci-dessous en phrases nominales.
     Ex. On change de route – Changement de route.

a. On défend les consommateurs.
b. On part en vacances.
c. On reprend les négociations.
d. On avertit les fautifs.
e. On corrige les copies.
f. On gonfle les ballons.

g. On poursuit nos études.
h. On sert à toute heure.
i. Il neige sur la France.
j. On connaît bien l'Europe.
k. On embauche un ingénieur.
l. On lave le linge en profondeur.

**506** Même exercice.

a. On ouvre les fenêtres.
b. On dîne aux chandelles.
c. On déplace les réfugiés.
d. On compte les absences.
e. On plonge en Méditerranée.
f. On partage les tâches.

g. On craint l'épidémie.
h. On interrompt le programme.
i. On dénonce le gaspillage.
j. On croit en l'avenir.
k. L'échec recule.
l. On recense la population.

**507** Transforme les phrases ci-dessous en groupes nominaux : forme le nom correspondant à chaque adjectif.
     Ex. Les élèves sont sages. La sagesse des élèves

a. Ton costume est triste.
b. Ma maison est grande.
c. Ces photos sont belles.
d. Votre projet est précis.
e. Le ciel est noir.
f. L'écureuil est curieux.

g. Véronique est joyeuse.
h. Cette remarque est stupide.
i. Florian est stupéfait.
j. Ce texte est authentique.
k. Ses affaires sont propres.
l. Mes dossiers sont classés.

**508** Dans les groupes du nom ci-dessous, transforme les compléments du nom en adjectifs qualificatifs.
Ex. Ici, cuisine de la région. Ici, cuisine régionale.

| | |
|---|---|
| **a.** Le développement de la publicité | **i.** Une amélioration de la météo |
| **b.** La conférence des médecins | **j.** Des ennuis de cœur |
| **c.** Une revue pour les femmes | **k.** Un spectacle de théâtre |
| **d.** Une éclipse de Soleil | **l.** L'aventure de l'espace |
| **e.** Une réunion du gouvernement | **m.** Un fromage d'Auvergne |
| **f.** Un problème de poumon | **n.** Une idée sans intérêt |
| **g.** Une amitié pour l'éternité | **o.** Un musée de la région |
| **h.** Un parfum de printemps | **p.** L'équipe de Bordeaux |

**509** Transforme les phrases ci-dessous en passant de l'adverbe au nom.
Ex. Il chahute méchamment. Il chahute avec méchanceté.

**a.** Il se comporte grossièrement.
**b.** Je lis attentivement la consigne.
**c.** Tu te frottes vigoureusement les mains.
**d.** Nous te comprenons difficilement.
**e.** Tu décris précisément le paysage.
**f.** Il s'explique confusément.
**g.** Elle vous supplie désespérément.
**h.** Nous lui sourions gentiment.
**i.** Il la soulève très délicatement.
**j.** Elles se sont exprimées très clairement.

**510** Transforme les phrases verbales ci-dessous en phrases nominales, selon les exemples.
Ex. Les impôts augmenteront l'année prochaine.
Augmentation des impôts l'année prochaine.
Un animateur distribue des cartes.
Distribution de cartes par un animateur.

**a.** Les policiers arrêtent le malfaiteur.
**b.** Les voiliers partent pour une course lointaine.
**c.** Les États-Unis sont intervenus pour régler le conflit.
**d.** Ce restaurant organise une dégustation d'huîtres.
**e.** Demain, de gros nuages passeront au-dessus de la France.
**f.** Le soleil se lève sur un magnifique paysage.
**g.** Ce magazine présente de nouveaux modèles de voitures.
**h.** On cueille les cerises au début de l'été.

**511** Même exercice.

    **a.** L'entraîneur remplace le joueur blessé.

    **b.** On n'espère pas d'amélioration avant la fin de la semaine.

    **c.** L'entrepreneur avance rapidement le chantier.

    **d.** Ici, on paie uniquement à la réception des marchandises.

    **e.** En France, on achète de nombreux disques américains.

    **f.** La photocopieuse reproduit le document.

    **g.** Les ouvriers démolissent le vieux mur.

    **h.** Demain, on vérifiera tout le travail.

    **i.** De plus haut, on voit bien le terrain.

**512** Transforme les phrases ci-dessous en passant de l'adjectif au nom, selon les exemples.

    Ex. Vos paroles sont grossières ; cela me gêne.

        La grossièreté de vos paroles me gêne.

        Cette pièce est sale ; je ne l'admets pas.

        Je n'admets pas la saleté de cette pièce.

    **a.** Ma robe est déchirée ; cela se voit.

    **b.** Leurs idées sont claires ; je les en félicite.

    **c.** Cet animal est rusé ; vous en êtes victimes.

    **d.** La corde paraît usée ; cela inquiète l'alpiniste.

    **e.** Sophie est sérieuse ; tu en es conscient.

    **f.** Cette famille est généreuse ; on le constate tous les jours.

    **g.** L'image reste imparfaite ; il faut la corriger.

    **h.** Vos informations sont exactes ; cela me rassure.

    **i.** Son aventure est intéressante ; ils en sont certains.

### POUR ALLER PLUS LOIN

**513** Transforme les phrases ci-dessous en passant de l'adverbe à l'adjectif et du verbe au nom.

    Ex. Il joue sérieusement. Il a un jeu sérieux.

        Nous répondons rapidement. Nous donnons une réponse rapide.

    **a.** Elle rit stupidement.

    **b.** Vous coloriez proprement.

    **c.** Ils chantent curieusement !

    **d.** Je pars précipitamment.

    **e.** Il te salue amicalement.

    **f.** Il comprend facilement.

    **g.** Nous jouons tranquillement.

    **h.** Elles correspondent rarement.

    **i.** Tu écris joliment.

    **j.** Ils livrent mensuellement.

# le conditionnel ◼

Le conditionnel est un mode qui exprime une action dont la réalisation est à une condition.

Ex.  Si tu venais me voir, j'en serais très heureux.

condition    cond. présent

On emploie le conditionnel présent quand la condition est exprimée à l'imparfait de l'indicatif.

**514** Recopie le texte suivant et souligne les verbes conjugués au conditionnel.

Le vieillard se tourna vers l'enfant et lui dit : « Si j'avais encore le temps, je partirais à la découverte du monde ; je parcourrais les forêts tropicales, je gravirais les plus hauts sommets, je connaîtrais les pays du froid et les sables du désert, j'irais écouter le vent chanter sur les mers du Sud. Tu viendrais avec moi. Ensemble, nous découvririons tous les peuples de la Terre. » Alors, l'enfant prit la main du vieillard.

**515** Même exercice.

J'aimerais une école tournée vers la nature. La classe serait une classe jardin très vaste, transparente et ensoleillée où je pourrais utiliser mes talents de botaniste. Une véranda fleurie permettrait de pénétrer dans le royaume des livres et de s'y plonger tout en profitant du calme offert par ce coin champêtre. Mes travaux préférés resteraient l'écriture, la peinture et le dessin que j'exécuterais d'après nature.

**516** Dans la liste ci-dessous, relève les verbes conjugués au conditionnel.

nous marchions – nous avions posé – nous mettrions – nous parlerons – nous faisons – je chanterai – je marchai – je jetterais – je crierai – je corrigeai.

**517** Parmi les phrases suivantes, recopie celles dans lesquelles il y a un verbe conjugué au conditionnel.

**a.** Si je gagnais au Loto, je partirais faire le tour du monde.

**b.** Si tu arrivais à l'heure, nous ne serions pas en retard.

**c.** S'il vient me rendre visite, je serai heureux.

**d.** Un avion se serait écrasé dans la cordillère des Andes.

**e.** Voudriez-vous entrer s'il vous plaît ?

**f.** Je souhaiterais que tu travailles mieux à l'école.

**g.** S'il fait beau dimanche, nous irons pique-niquer.

**h.** Si la pluie cessait, nous pourrions sortir.

**i.** Pendant les vacances, vous visiterez l'aven Armand.

**j.** Un singe, échappé du zoo, se promènerait dans les rues de la ville.

**518** Récris le texte suivant en commençant par : « Si je réussissais mon examen... »

Si je réussis mon examen, mes parents seront heureux, ils me féliciteront et m'offriront un VTT. Cet été, j'irai à la mer où je pourrai pratiquer la planche à voile. Ce sera l'occasion de passer de formidables vacances.

**519** Complète chacune des phrases ci-dessous en utilisant le verbe en gras.

**a. rapporter** : Si vous aimiez les châtaignes, je vous en _____.

**b. rouler** : Si vous entreteniez vos rollers, ils _____ mieux.

**c. être** : Si tu prenais ton temps, le résultat _____ meilleur.

**d. voir** : Si tu allumais la lumière, tu _____ les lignes de ton cahier.

**e. décaper** : S'il utilisait un produit spécial, il _____ plus vite cette vieille table.

**520** Complète chacune des phrases ci-dessous avec les verbes en gras ; conjugue l'un des verbes à l'imparfait de l'indicatif, l'autre au présent du conditionnel.

**a. penser – utiliser** : Je _____ que tu _____ ma recette.

**b. lire – comprendre** : S'il _____ l'anglais, il _____ ce panneau.

**c. partir – avoir** : Jules et moi, nous _____ bien maintenant si nous n'_____ pas peur de l'orage.

**d. téléphoner – prévenir** : S'il me _____, je te _____ aussitôt.

**e. passer – réparer** : Nous _____ te prendre tout de suite si le garagiste _____ la voiture.

**521**  Complète les phrases suivantes.

    **a.** S'il faisait beau, nous _____.
    **b.** Il aurait de meilleurs résultats s'il _____.
    **c.** Si tu le voulais, tu _____.
    **d.** Si nous étions riches, nous _____.
    **e.** Si Corinne relisait son travail, elle _____.
    **f.** Si vous le désiriez, vous _____.
    **g.** Si je roulais moins vite, je _____.
    **h.** Si Hervé partait de bonne heure, il _____.
    **i.** Si elle attrapait le ballon, elle _____.
    **j.** S'ils se concentraient, ils _____.

**522**  Recopie les phrases ci-dessous et complète-les avec le verbe en gras. Utilise le temps qui convient : imparfait, futur simple ou présent du conditionnel.

    **a. aimer** : Ma mère _____ bien rencontrer le directeur de l'école.
    **b. venir** : Demain, Cécile _____ te voir.
    **c. être** : Si ta carte _____ plus précise, je te montrerais l'emplacement du vieux moulin.
    **d. fleurir** : Les tulipes _____ dans quelques jours.
    **e. déguster** : Nous _____ volontiers une glace, mais nous n'avons pas assez d'argent !

**523**  Transforme les questions suivantes en phrases utilisant le conditionnel.
    Ex. As-tu une platine laser pour écouter des disques ?
       Si j'avais une platine laser, j'écouterais des disques.

    **a.** As-tu un billet d'entrée pour visiter le musée du Louvre ?
    **b.** Romain fait-il des économies pour s'acheter un scooter ?
    **c.** Avez-vous votre livre pour apprendre votre leçon ?
    **d.** Avons-nous assez d'argent pour aller au cinéma ?
    **e.** Ont-ils suffisamment d'outils pour jardiner ?

**Les deux exercices suivants sont corrigés à la page 191.**

**524**  Recopie le texte ci-dessous et souligne en bleu les verbes au présent du conditionnel.

Parcourir toutes les mers du monde, escalader toutes les montagnes, rencontrer tous les peuples… Si cela était possible, quel plaisir j'aurais, car je remplirais ma vie de moments inoubliables.

Aujourd'hui, assis à mon bureau d'écolier, je ne sais pas si je traverserai un seul océan, mais je sens déjà une chose : il faut aller au bout de ses rêves.

**525**  Recopie les phrases ci-dessous et complète-les avec les verbes en gras ; conjugue l'un des verbes à l'imparfait de l'indicatif, l'autre au présent du conditionnel.

a. **revenir – s'annoncer** : Si les hirondelles ____, le printemps ____.

b. **prendre – se révéler** : Nous ____ le train si le voyage en avion ____ trop coûteux.

c. **posséder – observer** : Si nous ____ un télescope, nous ____ souvent les astres.

d. **accepter – adopter** : Si nos parents ____, j'____ ce chien perdu.

e. **préférer – être** : Je ____ son maquillage s'il ____ plus discret.

f. **comprendre – écouter** : Vous ____ plus vite, si vous ____ plus attentivement.

g. **avoir – s'inscrire** : Si nous ____ le temps de nous entraîner, nous nous ____ bien à cette course.

h. **noter – retrouver** : Elle ____ toutes ces informations, si elle ____ de quoi écrire.

i. **s'enrhumer – se couvrir** : Vous vous ____ moins facilement, si vous vous ____ davantage.

j. **écrire – être** : Si tu ____ moins vite, ce ____ plus lisible.

# le subjonctif ■

Le subjonctif présent est un mode qui exprime une action souhaitée, conseillée, ou ordonnée, mais dont la réalisation est incertaine.

Ex.        Je veux <u>que tu viennes</u> demain.
           subjonctif

**526** Dans le texte ci-dessous, retrouve le verbe conjugué au présent du subjonctif.

Le soleil était déjà haut dans le ciel. Sur le bord de la tanière, la louve humait l'air, attentive au moindre frisson. Elle regarda les deux louveteaux.
– Il est temps que vous partiez maintenant. La grande forêt vous attend. Les louveteaux se regardèrent, inquiets, mais sentant déjà couler dans leurs veines le sang des grands espaces.

**527** Complète les phrases avec les verbes en gras conjugués au présent du subjonctif.

**a. être** : Il faut que tu _____ prudent maintenant que tu as ton permis.
**b. garder** : Je souhaite que nous _____ notre calme quand nous le verrons.
**c. sortir** : Il faut que vous _____ de bonne heure.
**d. grandir** : Il est nécessaire qu'elles _____ un peu.
**e. se coucher** : Je veux que l'on _____ tôt.

**528** Même exercice.

**a. avoir** : Il faut que j'_____ du courage pour réussir un tel exploit.
**b. faire** : Il serait judicieux que vous _____ le tour pour entrer.
**c. aller** : Il serait souhaitable que tu _____ à ce rendez-vous bien habillé.
**d. prendre** : Je voudrais qu'il _____ ses médicaments.
**e. crier** : Il faut que nous _____ très fort pour être entendus.

**529** Recopie les phrases dans lesquelles on a utilisé le subjonctif présent.

**a.** Je veux que tu rentres maintenant.
**b.** Il faut que tu réussisses à trouver la solution.
**c.** Je souhaite faire ce travail.
**d.** Il est préférable qu'il s'absente quelques jours.
**e.** Je constate que tu n'es pas à l'heure.

**530** Dans le texte ci-dessous, retrouve le verbe conjugué au présent du subjonctif.

Préparez la colle en diluant la poudre dans quatre litres d'eau, mélangez bien puis découpez des bandes de papier couleur en attendant que la colle prenne. Ensuite, étalez bien la colle avec la brosse et appliquez enfin les bandes de papier en lissant bien vers les bords.

**531** Réécris le texte de l'exercice précédent en commençant la première phrase par «Il est nécessaire que…» et la seconde phrase par «Ensuite, il faut que…».

**532** Remplace le nom commun par un verbe conjugué au subjonctif présent.
Ex. Il est content de ta réussite.
    Il est content que tu réussisses.
  **a.** Je suis content de votre acceptation.
  **b.** Mes parents sont heureux de son passage.
  **c.** Vous êtes content de sa guérison.
  **d.** Le maître est satisfait de mes progrès.
  **e.** Nous sommes contents de sa venue.

**533** Même exercice.
  **a.** Je suis heureux de son rétablissement.
  **b.** Nous sommes heureux de ton arrivée.
  **c.** Vous êtes désolés de leur ennui.
  **d.** Il est satisfait de votre compréhension.
  **e.** Tu es satisfait de mon travail.

**534** Transforme les phrases en t'inspirant de l'exemple suivant.
Ex. Il écrit à toute la famille, pourtant cela l'ennuie.
    Il écrit à toute la famille, bien que cela l'ennuie.

  **a.** Il écrit à toutes les sociétés, pourtant il a peu de temps.
  **b.** De nos jours, nous courons toute la journée, pourtant nous ne sommes pas pressés.
  **c.** Il est intelligent, pourtant il n'en a pas l'air.
  **d.** Christian met son manteau, pourtant il ne fait pas froid.
  **e.** Charlotte ne sait pas ses leçons, pourtant elle dit qu'elle les apprend.

**535** Transforme les phrases ci-dessous en t'inspirant de l'exemple.
Ex. Il reste dehors jusqu'au coucher du soleil.
  Il reste dehors jusqu'à ce que le soleil se couche.

  **a.** Tu manges jusqu'à n'avoir plus faim.
  **b.** Le froid durera jusqu'au début du printemps.
  **c.** Le malade gardera la chambre jusqu'à sa guérison.
  **d.** Nous resterons jusqu'à la fin du film.
  **e.** Je vais m'ennuyer jusqu'à ton retour.

**536** Transforme les phrases ci-dessous en t'inspirant de l'exemple.
Ex. Je parle à mon petit frère, il ne répond pas.
  Je parle à mon petit frère sans qu'il me réponde.

  **a.** Je t'observe, tu ne t'en rends pas compte.
  **b.** Il a de mauvaises notes, ses parents ne le savent pas.
  **c.** On ne peut rien lui dire, il se met aussitôt en colère.
  **d.** Christophe quitte la table, il n'a pas fini de manger.
  **e.** Je vous explique, vous ne comprenez pas.

## JE TRAVAILLE SEUL(E)

**Les deux exercices suivants sont corrigés à la page 191.**

**537** Complète les phrases suivantes en conjuguant le verbe en gras au présent du subjonctif.

  **a. arriver** : Il ne faut pas que nous _____ trop tôt.
  **b. écouter** : Il est souhaitable que vous _____ les consignes.
  **c. reconnaître** : Il est heureux que tu _____ tes fautes.
  **d. finir** : Je désire que tu _____ ton travail.
  **e. être** : Il faut que tu _____ prudent.
  **f. réfléchir** : Il est nécessaire que vous _____ avant de vous lancer dans l'aventure.
  **g. choisir** : Nous désirons qu'elles _____ un métier qui les intéresse.
  **h. reprendre** : Nous aimerions que vos cours de musique _____ très rapidement.
  **i. aller** : Il est impératif que j'_____ chez le dentiste.
  **j. s'asseoir** : Pour ne pas déformer votre dos, je veux que vous vous _____ dans une position correcte.

**538** Recopie le texte ci-dessous et souligne les verbes conjugués au présent du subjonctif.

J'entends un craquement devant moi. Je m'arrête et me tapis dans un renfoncement du mur. On marche de l'autre côté de la cloison. Je perçois des bruits de voix. Je me dis qu'il faut que je sorte au plus vite. Et d'un seul coup, cette voix caverneuse : « Je veux que tu disparaisses, microbe… » Je crie et je me réveille !

**POUR ALLER PLUS LOIN**

**539** Attention à ne pas confondre le présent de l'indicatif et le présent du subjonctif ! Conjugue les verbes en gras dans les phrases ci-dessous.

a. **avoir – avoir** : J'_____ un chien et je souhaite que toi aussi, tu en _____ un.

b. **être – être** : Je _____ encore à la maison alors qu'il faudrait que je _____ déjà à l'école.

c. **avoir** : Il me semble que tu _____ raison.

d. **avoir** : J'exige que tu _____ une attitude correcte.

e. **comprendre** : Il faut absolument que je _____ ce problème.

f. **comprendre** : Voilà encore un problème que je ne _____ pas.

g. **aller** : Il faut que tu _____ chez le coiffeur.

h. **aller** : Je vois que tu _____ loin.

i. **plaire** : Que cela te _____ ou non, tu goûteras les épinards.

j. **plaire** : Si le goût ne te _____ pas, tu n'en reprendras pas.

# la concordance des temps ■

**540** Recopie les phrases ci-dessous et complète-les en conjuguant le verbe en gras au présent, au futur simple ou à l'imparfait de l'indicatif.

**a. partir :** Dans quelques jours, je _____ en vacances.

**b. être :** Hier, nous _____ en classe.

**c. conseiller :** Maintenant, elle te _____ d'accélérer !

**d. venir :** Mercredi prochain, Sonia et François _____ te voir.

**e. découvrir :** Il y a cinq siècles, Christophe Colomb _____ l'Amérique.

**f. sortir :** À l'avenir, vous _____ par ici.

**g. aller :** Aujourd'hui, mes parents _____ au cinéma.

**h. disputer :** En ce moment, les deux équipes _____ les prolongations.

**i. fêter :** La semaine passée, Caroline _____ son anniversaire.

**j. dominer :** Durant l'Antiquité, les Romains _____ le Bassin méditerranéen.

---

**Présent — Futur simple**

Ex.    **Si tu écoutes, tu comprendras.**
      présent       futur simple

      **Je crois que demain il neigera.**
      présent            futur simple

---

**541** Recopie les phrases ci-dessous et écris les verbes en gras au temps convenable (présent ou futur simple).

**a. regarder :** J'espère que demain nous _____ le western.

**b. être :** Si tu continues de traîner, tu _____ en retard.

**c. rester :** Si le temps _____ beau, nous partirons en promenade.

**d. plaire :** Je pense qu'elle te _____ dès que tu la verras.

**e. devenir :** Il me semble que son frère _____ très grand.

**542** Recopie les phrases ci-dessous et conjugue les verbes en gras en utilisant le couple présent / futur simple.

**a. avoir – prendre :** S'il y _____ du verglas, je ne _____ pas ma voiture.

**b. penser – être :** Je _____ que les dernières photos ___ meilleures.

**c. espérer – gagner :** J'_____ que ce bateau _____ la régate.

**d. atteindre – s'entraîner :** Valérie _____ son but si elle _____ sérieusement.

**e. affirmer – remporter :** Le président du club _____ que son équipe _____ la prochaine coupe d'Europe.

> ### Imparfait — Présent du conditionnel
> **Quand une condition est exprimée à l'imparfait de l'indicatif, le verbe de la proposition principale se conjugue au présent du conditionnel.**
> Ex.        Si j'avais le temps, je passerais te voir.
>                 imparfait           présent du conditionnel

**543** Recopie les phrases ci-dessous en conjuguant les verbes en gras à l'imparfait ou au présent du conditionnel.

    **a. grandir :** Si tu mangeais de la soupe, tu ne _____ pas davantage !

    **b. connaître :** Si je lisais davantage, je _____ plus de choses.

    **c. porter :** Si elles _____ un sac à dos moins lourd, elles marcheraient plus vite.

    **d. apprécier :** Si le public connaissait mieux cette chanson, il _____ sûrement.

    **e. aller :** Steve _____ à la piscine si sa mère le permettait.

> ### Futur simple — Présent du conditionnel
> Rappel :        condition au présent de l'indicatif ⇒ futur simple
>                     condition à l'imparfait de l'indicatif ⇒ présent du conditionnel

**544** Recopie les phrases ci-dessous en conjuguant les verbes en gras au futur simple ou au présent du conditionnel.

    **a. conduire :** J'espère que ton père ne _____ pas trop vite.

    **b. conduire :** Je croyais que ton père _____ moins vite.

    **c. cotiser :** Si nous gagnions plus d'argent, nous _____ à cette association.

    **d. cotiser :** Si nous gagnons plus d'argent, nous _____ à cette association.

    **e. emporter :** Vous _____ beaucoup d'eau si vous deviez traverser le désert.

    **f. emporter :** Vous _____ beaucoup d'eau si vous devez traverser le désert.

    **g. explorer :** Si tu n'avais pas peur dans le noir, tu _____ bien cette grotte.

    **h. explorer :** Tu _____ bien cette grotte, si tu n'as pas peur dans le noir.

**545** Dans les phrases suivantes, les conditions sont exprimées au présent de l'indicatif. Récris-les à l'imparfait de l'indicatif et effectue ensuite les modifications nécessaires.

    **a.** Si Christophe fait attention, il ne tombera pas.

    **b.** Si nous arrosons les fleurs, elles ne faneront pas.

    **c.** Si vous visitez ce musée, vous y découvrirez des merveilles.

    **d.** Si Bernard se lance dans la cuisine, nous mangerons très souvent au restaurant !

    **e.** Si tu tailles ton crayon, tu traceras plus proprement ta figure.

**546** Recopie les phrases ci-dessous en conjuguant l'un des verbes en gras à
l'imparfait et l'autre au passé simple.

   **a. être – gronder :** Nous _____ à peine sortis que le tonnerre _____ .

   **b. rouler – crever :** Nous_____ depuis une heure quand une roue _____ .

   **c. arriver – tomber :** Quand les derniers coureurs _____ , la nuit _____ .

   **d. lire – sonner :** Nous _____ quand le téléphone _____ .

   **e. sembler – se décider :** À l'intérieur du bateau, tout _____ calme alors
   Hélène _____ à monter à bord.

   **f. porter – accrocher :** Le vieil homme _____ une veste sur laquelle il
   _____ sa médaille.

   **g. apprendre – fêter :** Lorsqu'elle _____ la nouvelle, elle _____ son anniversaire avec ses amis.

   **h. s'installer – voir :** La brume _____ peu à peu, mais, d'un coup, on ne
   _____ plus rien.

**547** Dans le texte ci-dessous, écris les verbes entre parenthèses à l'imparfait ou
au passé simple. (Trois verbes sont à l'imparfait et deux au passé simple.)

Elle (marcher) tranquillement mais, quand elle l'(apercevoir), elle (courir)
vers lui. Il (être) toujours le même. Malgré les années, il n'(avoir) pas changé.

**548** Même exercice. (Deux verbes sont à l'imparfait et trois au passé simple.)

Avec beaucoup de difficultés, ils se
(frayer) un passage parmi les bou-
leaux et les chênes, (franchir) un tor-
rent qui (dévaler) de la montagne
avec vigueur, en sautant de pierre en
pierre comme des chamois puis
(arriver) à une vaste étendue plate et
herbeuse, au bout de laquelle
comme figée, (reprendre) la forêt.

M. Lamy, *Une longue chasse*, Flammarion,
coll. «Castor Poche».

**549** Écris le verbe proposé au présent ou à l'imparfait de l'indicatif.

   **a. demander :** Je me ____ s'il a entendu tes conseils.

   **b. apprendre :** Quand ta sœur est arrivée, nous ____ nos leçons.

   **c. penser :** Quand il t'a donné rendez-vous, tu ____ être disponible.

   **d. partir :** Dès que Corentin a fini son match, nous ____.

   **e. hurler :** Le public ____ depuis deux heures lorsque le chanteur est enfin entré en scène.

   **f. jeter :** Quand les fleurs sont fanées, on les ____.

   **g. jouer :** Quand il a fini de travailler, il ____.

   **h. débarrasser :** Dès que nous avons mangé, nous ____ la table.

   **i. pleuvoir :** Quand j'ai voulu laver ma voiture, il ____.

   **j. toucher :** Quand le père de Cédric a fini de charger les caisses dans le coffre de la voiture, celui-ci ____ le sol !

**550** Même exercice.

   **a. s'endormir :** Lorsque mon petit frère a bu un lait chaud, enfin, il ____.

   **b. oublier :** Quand tu as rencontré une fois ce personnage, tu ne l'____ pas.

   **c. briller :** Quand les promeneurs ont découvert le lac, il ____ au milieu de son écrin de verdure.

   **d. jeter :** Quand on a utilisé une nappe de papier, on la ____.

   **e. gronder :** Lorsque le représentant du ministère a répondu à cette question, toute la salle ____.

   **f. rester :** Quand cette équipe s'est inscrite, il ne ____ plus qu'une place !

   **g. pouvoir :** Quand tu as compris cette question, tu ____ passer à la suivante.

   **h. promettre :** Je te ____ que nous n'avons pas conclu cette affaire.

   **i. s'annoncer :** Lorsque l'alpiniste a atteint le sommet, l'orage ____

   **j. désirer :** Tu as pris la part que je ____.

**Plus-que-Parfait — Imparfait**

Le plus-que-parfait de l'indicatif exprime une action passée qui s'est déroulée avant une autre action passée, exprimée à l'imparfait de l'indicatif.

Ex.　　　Dès que nous avions déjeuné, nous débarrassions la table.
　　　　　　　plus-que-parfait　　　　　　imparfait

**551** Recopie les phrases ci-dessous en conjuguant les verbes en gras en utilisant le couple Imparfait / plus-que-parfait.

　　**a. raconter – connaître :** Tu ＿＿ tout à l'heure que tu ＿＿ la même mésaventure l'an dernier.

　　**b. classer – prendre :** Nous ＿＿ les photos que vous ＿＿.

　　**c. remplir – vider :** Quand Johan ＿＿ tous les seaux, il les ＿＿ au pied des arbres du jardin.

　　**d. entendre – s'élancer :** Dès que le chien ＿＿ la voiture de ses maîtres, il ＿＿ au-devant d'elle.

　　**e. se déclarer – parcourir :** Claude ne ＿＿ prêt à nous accompagner dans notre entraînement que quand il ＿＿, pour s'échauffer, dix tours de piste.

## P O U R　A L L E R　P L U S　L O I N

L'action exprimée au temps composé (Plus-que-parfait, passé antérieur ou futur antérieur) se déroule avant celle exprimée au temps simple.

Ex.　　　Quand tu t'étais lavé les mains, nous passions à table.
　　　　　　plus-que-parfait　　　　　　　imparfait
　　　　Quand tu te fus lavé les mains, nous passâmes à table.
　　　　　　passé antérieur　　　　　　　passé simple
　　　　Quand tu te seras lavé les mains, nous passerons à table.
　　　　　　futur antérieur　　　　　　　futur simple

**552** Recopie les phrases ci-dessous en conjuguant au temps convenable chacun des verbes en gras.

　　**a. ranger :**

　　Dès que le linge sera repassé, on le ＿＿ dans les armoires.

　　Dès que linge fut repassé, on le ＿＿ dans les armoires.

　　Dès que le linge était repassé, on le ＿＿ dans les armoires.

　　**b. débarquer :**

　　À peine les bateaux avaient-ils touché le quai que les marins ＿＿ le poisson.

　　À peine les bateaux eurent-ils touché le quai que les marins ＿＿ le poisson.

　　À peine les bateaux auront-ils touché le quai que les marins ＿＿ le poisson.

**553** Même exercice.

a. **mettre** : Quand tu auras froid, tu _____ un pull.

b. **poncer** : Quand tu _____ la porte, je la peindrai.

c. **avoir** : Quand tu _____ froid, tu mettais un pull.

d. **peindre** : Quand tu eus poncé la porte, je la ____.

e. **comprendre** : Quand elle _____ son erreur, elle la corrigera facilement.

f. **envoyer** : Lorsque Daniel avait copié les disquettes, il me les _____.

g. **corriger** : Quand elle eut compris son erreur, elle la _____ facilement.

h. **prévenir** : Dès que Nelly m'aura donné sa réponses, je te _____.

i. **copier** : Lorsque Daniel _____ les disquettes, il me les enverra.

j. **donner** : Je te prévins dès que Nelly _____ sa réponse.

## JE TRAVAILLE SEUL(E)

**Les deux exercices suivants sont corrigés à la page 191.**

**554** Recopie les phrases ci-dessous en conjuguant les verbes proposés à l'imparfait ou au passé simple.

Il (avancer) en chancelant vers la sortie quand tout à coup la lumière du soleil le (frapper) en pleine figure. C'(être) l'heure la plus chaude de la journée, celle où même les lézards (chercher) l'ombre. Pourtant Robinson (grelotter) de froid et (serrer) l'une contre l'autre ses cuisses encore mouillées de lait caillé. Il (se sauver) vers sa maison, la figure cachée dans ses mains.

Michel Tournier, *Vendredi ou la vie sauvage*, Gallimard, coll. «Folio Junior».

**555** Même exercice.

C'était une embarcation assez longue, basse sur l'eau et très colorée, avec une coque noire, des listeaux verts, des plats-bords rouges. La cabine (avoir) des panneaux ornés de roses peintes à la main, des groupes de quatre roses disposées en losange. Au bout (pointer) un petit mât bigarré de rouge et de vert. De loin ce bateau (avoir l'air) de sortir d'un livre d'images, mais d'un peu plus près, Helen (voir) que la peinture (s'écailler) ; elle (remarquer) aussi sur la petite dunette un monceau de paille sale.

Janni Howker, *Le Blaireau sur la péniche*, traduit par A. Lermuzeaux,
Gallimard, coll. «Folio Junior».

# «je travaille seul(e)» ■ corrections

**19** La mer étincelait au pied de la falaise. Celle-ci était abrupte. Elle descendait presque à pic jusqu'à une petite plage de galets, près de trente mètres plus bas, où l'on avait construit un port minuscule. Le seul accès en était un escalier métallique, presque une échelle, raide, rouillé et glissant.

**51 a.** La forêt avait brûlé l'année précédente (P. IND.), mais la vie n'avait pas disparu (P. IND.), car de nombreuses plantes s'obstinaient à reverdir (P. IND.). **b.** Les crêtes du massif de Barozes se reflétaient dans le lac (P. PRINC.) qui s'étalait à leurs pieds (P. SUB.). **c.** Si vous me le demandez (P. SUB.), je ferai la recherche par Minitel (P. PRINC.). **d.** Il faut (P. PRINC.) que je rentre avant la nuit (P. SUB.). **e.** Prends ton vélo (P. IND.) et va voir Isabelle (P. PRINC.), laquelle te renseignera mieux que moi (P. SUB.).

**102** marchait : marcher ; balançait : balancer ; progressait : progresser ; apercevait : apercevoir ; arriva : arriver ; atteignit : atteindre ; s'étalaient : s'étaler ; resta : rester ; regagna : regagner.

**103** succédèrent : succéder ; avançaient : avancer ; portaient : porter ; chassaient : chasser ; pénétraient : pénétrer ; avaient : avoir ; se contentaient : se contenter ; rendait : rendre ; ralentissait : ralentir ; atteignirent : atteindre.

**129** (Les noms ou pronoms qualifiés sont entre parenthèses.) **a.** Arrivés (randonneurs). **b.** détruit (nid). **c.** attentif (chat) ; moindre (bruit). **d.** effrayées (gazelles). **e.** sucrée (elle). **f.** alourdies (branches). **g.** malade (il). **h.** maladroit (tu). **i.** desséchées, dernières (feuilles). **j.** venus (oiseaux).

**141** la farine : article défini ; le saladier : article défini ; Mélangez-la : pronom ; le sucre : article défini ; le lait : article défini ; les œufs : article défini ; les ingrédients : article défini ; les fruits : article défini ; le moule : article défini ; mettez-le : pronom ; le four : article défini ; le gâteau : article défini.

**201 a.** Hier (temps) ; brillamment (manière). **b.** Dans le couloir (lieu) ; sans bruit (manière). **c.** De la fenêtre de l'hôtel (lieu) ; au port (lieu). **d.** Alors que le jour baissait (temps). **e.** à la piscine (lieu) ; en pantoufles (manière).

**202 a.** Depuis deux siècles (temps). **b.** comme tu voudras (manière). **c.** Au sud-est de la Mauritanie (lieu) ; durant huit siècles (temps). **d.** près de trois heures (temps) ; à toute vitesse (manière). **e.** en (lieu) ; sans intérêt (manière).

**227 a.** de football ; de fleurs. **b.** Maurice-Carême. **c.** du centre aéré ; d'orientation. **d.** des montagnes. **e.** en bâtiment. **f.** d'intérieur.

**228** une randonnée en montagne ; le cabinet de médecine ; un liquide sans couleur ; un musée de Paris ; une bille en métal ; le transport par mer ; un oiseau de nuit ; le transport par fleuve ; l'équipe de Strasbourg ; un village de Provence.

**237** un bon menuisier ; heureux ; immobile.

**247 a.** froid (épithète) ; tranquille (épithète). **b.** bruyante (épithète) ; commerçante (attribut). **c.** pittoresque (épithète) ; petit (épithète) ; montagnard (épithète) ; perdu (attribut). **d.** jolie (épithète) ; située (attribut). **e.** petit (épithète) ; malicieux (épithète) ; adroit (épithète). **f.** épais (épithète) ; présent (attribut). **g.** appétissante (attribut). **h.** fier (attribut). **i.** vieille (épithète) ; spacieuse (attribut). **j.** houleuse (attribut).

**248** petit (épithète) ; normand (épithète) ; petit (épithète) ; vides (épithète) ; silencieuses (épithète) ; vastes (épithète) ; tannés (épithète) ; accrochés (épithète) ; étendus (épithète) ; grise (épithète) ; froide (épithète) ; éternelle (épithète) ; grondante (épithète) ; verdâtres (épithète) ; grosses (épithète) ; échouées (épithète) ; vastes (épithète) ; morts (épithète).

**286 a.** lourds ; pluvieuse. **b.** petite ; essentielle. **c.** cuits ; sortis ; démoulés. **d.** fatigués ; heureux ; sommitale. **e.** forts ; octogonal.

**287 a.** juteuses ; délicieuses. **b.** parfumés. **c.** chauffées ; chaussés ; imprudents. **d.** cassés. **e.** étourdie ; débutante.

**305 a.** se dispersent. **b.** apparaît. **c.** se dressent. **d.** rendent ; offrent. **e.** propose. **f.** reçoit ;

range. **g.** préparent ; enregistrent. **h.** découvres ; essaies (*ou* essayes). **i.** s'élancent. **j.** filent.

**321**     **a.** servie. **b.** surpris. **c.** cassée. **d.** raturé. **e.** cuits. **f.** entendus. **g.** capturés. **h.** remplies. **i.** privée. **j.** peints.

**322**     **a.** allés. **b.** abandonnée. **c.** battus. **d.** apparue. **e.** reconnus. **f.** commise. **g.** sortis (ou sorties). **h.** serrés. **i.** prises. **j.** acquise.

**329**     **a.** complété. **b.** acheté ; dévorés. **c.** avouées ; pardonnées. **d.** pliées ; rangées. **e.** démarré ; rattrapés. **f.** réparées ; tombées. **g.** appelé ; intervenus.

**370**     **a.** Nous apprendrons à utiliser la boussole ? Apprendrons-nous à utiliser la boussole ? Est-ce que nous apprendrons à utiliser la boussole ? **b.** Nathalie se souvient de sa chute ? Nathalie se souvient-elle de sa chute ? Est-ce que Nathalie se souvient de sa chute ? **c.** Nous ne sommes que des amateurs ? Ne sommes-nous que des amateurs ? Est-ce que nous ne sommes que des amateurs ? **d.** Je prends la route qu'il m'a indiquée ? Est-ce que je prends la route qu'il m'a indiquée ? (ce sont les deux seules possibilités : l'inversion du sujet n'est pas possible avec le verbe *prendre*). **e.** Ils seront servis les premiers ? Seront-ils servis les premiers ? Est-ce qu'ils seront servis les premiers ?

**371**     **a.** Qui a acheté les billets d'entrée ? **b.** Combien coûte ce pain au chocolat ? **c.** Quel âge a ta grand-mère ? **d.** Avec qui as-tu joué au tennis ? **e.** Que prépare-t-il ?

**381**     **a.** Les écologistes n'exigent-ils pas l'abandon de la construction de cette centrale nucléaire ? **b.** Monsieur Dunez n'est-il pas tombé dans une flaque d'eau ? **c.** Notre équipe n'avait-elle pas perdu la partie ? **d.** Ne lui a-t-il pas offert une bague ? **e.** Mon nouveau stylo n'écrit-il pas très fin ? **f.** Tes amis ne partent-ils plus aux Antilles ? **g.** Jean-Philippe n'a-t-il pas terminé son roman ? **h.** Papa ne finissait-il pas de tondre la pelouse ? **i.** Patrick n'est-il pas passé en quatrième ? **j.** Les Parisiens ne seront-ils pas les premiers arrivés sur le terrain ?

**382**     **a.** Béatrice et Valérie n'arriveront-elles jamais à l'heure ? **b.** Une des vitres de la classe n'est-elle pas brisée ? **c.** La porte de l'armoire n'était-elle pas ouverte ? **d.** Le vent ne l'a-t-il

pas complètement décoiffé ? **e.** Vanessa ne supporte-t-elle pas les autres ? **f.** La banquise ne s'entrouve-t-elle pas ? **g.** Sophie, Martin et Gaétan n'adorent-ils pas les éclairs au chocolat ? **h.** N'ai-je pas oublié mes lunettes sur le bureau ? **i.** Le magnétoscope de l'école n'était-il pas en panne ? **j.** La piscine ne restera-t-elle pas ouverte le soir, jusqu'à 10 h. ?

**391**     – Alors, demanda Georges, il est parti ?
– Oui, il est parti, avoua François… Qu'il aille au diable !
– Et son vélo ?
François haussa les épaules :
– Il l'a laissé… Bon sang, tout ça devait arriver !
– Qu'allons-nous faire maintenant ?
– Je ne sais pas. Nous n'avons pas beaucoup de solutions.
François regarda par la fenêtre. Après un long moment de silence, il se retourna vers son frère :
– Et puis, tant pis ! Je crois que maintenant la seule chose à faire est d'attendre.
Georges sourit :
– Malheureusement… Oui ! Alors, parbleu, attendons !

**410**     **a.** Elle lui pardonne son erreur. **b.** Elle la lui emprunte. **c.** Il lui demande un échantillon. **d.** Pour sa fête, il lui offrira des fleurs. **e.** Ils lui demanderont une aide. **f.** Il leur racontera ce qu'il a vu. **g.** Il la lui cédera. **h.** Ils le cachent.

**423**     cette découverte : celle-ci ; ces garçons : ceux-là ; ce cheval : celui-ci ; ces vitrines : celles-ci ; ta montre : la tienne ; nos amis : les nôtres ; notre maison : la nôtre ; mon adresse : la mienne.

**424**     **a.** le mien (possessif) ; celui-ci (démonstratif). **b.** cela (démonstratif). **c.** (aucun pronom démonstratif ni possessif). **d.** les miens (possessif) ; ceux (démonstratif). **e.** ce (démonstratif).

**434**     **a.** dont. **b.** qui. **c.** à laquelle. **d.** auxquels. **e.** dont. **f.** qui. **g.** que. **h.** où. **i.** qui.

**435**     **a.** Ce gâteau est préparé par ma mère qui est une fameuse cuisinière.    ✕

**b.** Mes amis au sujet desquels je m'inquiète ne    ✕
m'ont toujours pas écrit.

**c.** L'inondation dont vous avez été victimes    ✕
a été dévastatrice.

**d.** Ce poulet que vous mangez est un produit
fermier.
**e.** Mes amis canadiens sont des personnes
auxquelles je pense souvent.

**462**    **a.** subordonnée. **b.** juxtaposée. **c.** subordonnée. **d.** subordonnée. **e.** coordonnée ; subordonnée.

**463**    **a.** 1 et 2 : propositions coordonnées.
**b.** 1 et 2 : adjectifs juxtaposés ; 2 et 3 : adjectifs
coordonnés. **c.** 1 et 2 : adverbes coordonnés.
**d.** 1 et 2 : propositions juxtaposées ; 2 et 3 : propositions coordonnées. **e.** 1 et 2 : propositions
coordonnées ; 2 et 3 : propositions juxtaposées ;
3 et 4 : propositions coordonnées.

**476**    **a.** Elle me demande si j'ai la monnaie de
cent francs. **b.** Ils te demandent si c'est vous qui
avez gagné le concours. **c.** Elle lui demande s'il
(*ou* si elle) veut prendre une tasse de thé. **d.** Il
me demande si j'ai appris ma leçon de géographie. **e.** Ils lui demandent si elle connaît l'heure
de fermeture de cette boulangerie. **f.** Ils te
demandent si c'est toi qui as pris les places pour
tout le monde. **g.** Elles me demandent si nous
avons le temps de terminer la partie. **h.** Ils lui
demandent s'ils étaient sélectionnés pour les
championnats départementaux.

**493**    **a.** Paris est arrosé par la Seine. **b.** Les
empreintes digitales sont observées par l'inspecteur de police. **c.** L'Autriche est séparée de la
France par les Alpes. **d.** Tous les dimanches, une
tarte est préparée par papa. **e.** La circulation est
déviée par les motards. **f.** Le petit chien est-il
caressé par Clotilde ? **g.** Les routes sont goudronnées par les ouvriers. **h.** La charpente est posée
par le menuisier. **i.** Un nouveau lustre est installé
par papa. **j.** L'incendie est éteint par les pompiers.

**494**    **a.** (voix passive) Des grains de chocolat
parsèment le gâteau. **b.** (voix active). **c.** (voix
passive) On prépare la mayonnaise. **d.** (voix

passive) Ma sœur avait enregistré ce film le
mois dernier. **e.** (voix passive) On a bien aiguisé
ton couteau. **f.** (voix active) Les gobelets seront
empilés par les enfants. **g.** (voix active).
**h.** (voix passive) Cette société engage-t-elle
votre père ? **i.** (voix active) La situation des
droits de l'homme est dénoncée dans ce pays.
**j.** (voix active) Ce cargo a été saisi par les services douaniers.

**524**    quel plaisir j'aurais, car je remplirais…

**525**    **a.** revenaient ; s'annoncerait. **b.** prendrions ; se révélait. **c.** possédions ; observerions.
**d.** acceptaient ; adopterais. **e.** préférerais ; était.
**f.** comprendriez ; écoutiez. **g.** avions ; inscririons. **h.** noterait ; retrouvait. **i.** enrhumeriez ;
couvriez. **j.** écrivais ; serait.

**537**    **a.** arrivions. **b.** écoutiez. **c.** reconnaisses.
**d.** finisses. **e.** sois. **f.** réfléchissiez. **g.** choisissent. **h.** reprennent. **i.** aille. **j.** asseyiez.

**538**    il faut que je sorte au plus vite. Je veux
que tu disparaisses.

**554**    Il **avançait** en chancelant vers la sortie
quand tout à coup la lumière du soleil le **frappa**
en pleine figure. C'**était** l'heure la plus chaude
de la journée, celle où même les lézards **cherchaient** l'ombre. Pourtant Robinson **grelottait**
de froid et **serrait** l'une contre l'autre ses cuisses
encore mouillées de lait caillé. Il se **sauva** vers sa
maison, la figure cachée dans ses mains.

**555**    C'était une embarcation assez longue,
basse sur l'eau et très colorée, avec une coque
noire, des listeaux verts, des plats-bords rouges.
La cabine **avait** des panneaux ornés de roses
peintes à la main, des groupes de quatre roses
disposées en losange. Au bout **pointait** un petit
mât bigarré de rouge et de vert. De loin ce
bateau **avait l'air** de sortir d'un livre d'images,
mais d'un peu plus près, Helen vit que la peinture **s'écaillait** ; elle **remarqua** aussi sur la
petite dunette un monceau de paille sale.

Imprimé en Italie par Rotolito Lombarda
Dépôt Légal: 5315 - 06/96
Collection n°03 - Edition n°01
11/5963/1